子ども・保護者・学生が共に育つ

保育・子育て支援演習

〜保育者養成校で地域の保育・子育て支援を始めよう〜

【編著】
入江礼子・小原敏郎・白川佳子

萌文書林
Houbunshorin

はじめに

　今、「子育て支援」という言葉は巷に溢れています。この少子化の時代、少しでも子育てをする人の不安が軽減し、安心して子育てができるようにと、国でも1994（平成6）年に「今後の子育て支援のための施策の基本的方向について」（通称「エンゼルプラン」）を作成しました。それから20年以上もの間、国は「子育て支援」に力を入れるようになっているはずなのですが、その歩みは順調とはいえず、問題を解決するには至りませんでした。

　そして2015（平成27）年、この現状を受けて新たに始動した「子ども・子育て支援新制度」では、その大きなポイントの一つとして、利用者支援、地域子育て支援拠点、放課後児童クラブなどの充実を図るといった「地域の実情に応じた子ども・子育て支援」を打ち出しています。市町村が地域の実情に応じて実施する事業は、教育・保育施設を利用する子どもの家庭だけでなく、在宅の子育て家庭を含む「すべての家庭及び子どもを対象とする事業」としているのです。

　この事業の先頭に立ってその現場で働くのは、幼稚園教諭・保育士・保育教諭などの保育者です。子育てが安心してできるためには、保護者と連携して保育を行う保育者の役割が今まで以上に大きくなってきたということです。一方、保育者は、この本を手に取っているみなさんと同じように、その多くが保育者養成校に在学し、そこから巣立っています。この状況を見ても、みなさんが養成校において、このことを視野に入れて勉強を進める必要があることがおわかりになるのではないでしょうか。本書で、そのタイトルを「子育て支援演習」ではなく、「保育・子育て支援演習」とあえて「保育」という言葉を謳ったひとつには、そんな現状があるからです。

　ところで、みなさんのように養成校に在学する方には、保育者として巣立つにあたっていくつかの心配事があるのではないでしょうか。その一つが「子どもの保護者としっかりかかわっていくことができるだろうか」というものです。養成校では教育実習、保育実習など学外実習は手厚く整えられています。しかし、この実習の中で、まだ修行中のみなさんが幼稚園や保育所などで保護者と直接出会うチャンスはほとんどないのが実情です。つまり、みなさんの心配事に対して、なかなか学外実習では解決できないのです。養成校の教員もこれらを懸念して、いろいろ知恵を絞っています。今回、本書の中ではその事例のいくつかを実践事例編で紹介しています。そこでは保育を学ぶみなさんにとって、それぞれの実践の中にはどんな学びがあるのかが見えてくると思います。さらにその実践事例編の前には、保育・子育て支援ということを考えるときの基礎や理論をわかりやすい形で紹介しています。実践事例編を読んでから、その前の基礎編や演習編に戻って深く考えるという順番でも、その逆でも良いのです。みなさんの興味のあるところから入っていただけたらと思います。そんなふうに授業の前に読んでいただけたら、本書を編集した私たちにとってはそれ以上の喜びはありません。

さて、実はもう一つみなさんと一緒に考えていきたいことがあります。それは「保育・子育て支援」の受け手とされる親子のことです。「支援」という言葉は「何かをしてあげる・してもらう」といった、人との関係に勾配があるように錯覚しやすい言葉です。しかし本書の中でも述べていますが、私たちはそんな勾配のある関係を目指しているのではありません。学生も教員も子も親も、「人」という対等な立場でお互いの理解を深めていく、そのようななかで「必要」から育まれた自然な支援、そんな支援をイメージしています。

　私たちの目指す方向性は上記のようなものなのですが、実は親子の姿も年々変化してきています。今から遡ること40数年、1970年代当時のことです。この時期、母親の中には「自主保育」といって、自分たち母親が仲間と保育を創っていこうという動きが始まりました。都内で活発に活動を続けたのが、「おひさまの会」と「ひろば」。園舎を持たないので、当時は代々木公園、駒沢公園、世田谷区の羽根木プレーパークなどの公園が活動の主な場所でした。この活動の発端の背景には「密室育児と育児不安、遊び場の不足や都市の育児環境の貧困」などが挙げられるといいます。この状況に子育ての担い手、つまり当事者である親（保護者）が主体的に動いたわけです。その後もたとえば公民館の小さな一室を借りて積極的に利用する小型版自主保育の活動がありました。筆者もそんな小さな活動をした一人でした。未就園児の母親として、仲間の親子で集う時を持ったのです。子どもを遊ばせながら、いっぱいおしゃべりしました。それが家に帰ってからの育児を続けられるエネルギーの源になったのです。80年代の終わりには今でいう「子育てひろば」のようなものがまだ存在していませんでしたから場所も自前で調達したわけです。

　さらに時代が下り、今度は国がやっと重い腰を上げて、先にも述べたように「エンゼルプラン」を立ち上げ、「子育て支援」が公の言葉になっていきます。この時代あたりから親の考え方に変化の兆しが現れ、極端な例かもしれませんが、それまでの親の悲願であった「子育ての場」の提供がなされるようになり、今度は親の側に自分たちが自分たちらしく子育てしていくという意識が薄れ、預けていれば子どもを育ててくれるといった姿勢や、育児に関して自らの考えだけに従い頑なに頼らない、知識・情報不足から頼れない、頼り方を知らないといった姿が見受けられようになりました。これはそれぞれに育児課題があると言っていいでしょう。それにつれて、今度は場所を提供する側も、ますます何かをしてあげる支援が支援だと思うようになるという構図が出来上がっているように感じます。

　だからこそ、養成校にある、保育・子育てに関する様々な資源を生かし、この育児課題を親と一緒に担いながら親子に対する理解と共感を深めていくことが大事であり、同時に、そのことで学生も教員も子や親とともに「人」として育っていくことが養成校に望まれる保育・子育て支援なのではないでしょうか。そのなかで、「必要」から生まれた自然な支援が生まれる可能性があります。

　やり方はいろいろ考えられます。自分たちのおかれた状況の中での最善と思われることを「今、ここで、あたらしく、始めてみる」。これが養成校に求められる「保育・子育て支援」のはじめの一歩ではないでしょうか

　さあ、「はじめの一歩」を今踏み出してみませんか？

2016年12月　編者　入江礼子

目次

はじめに ……………………………………………………………………… 5〜6
目次 ………………………………………………………………………………… 7〜10

第一部　基礎編 …………………………………………………………… 11〜44

序章　保育者養成校で保育・子育て支援を始めよう！ …………… 12〜21
　1　養成校の「保育・子育て支援」は「教育・保育実習」と何が違うのだろう？ ……… 12
　　（1）教育・保育実習で学ぶこと ……… 12
　　（2）保護者とのかかわり ……… 13
　2　保育・子育て支援で学生は何を学べるのだろう？ ……… 14
　　（1）保育・子育て支援活動における学びの主体 ……… 14
　　（2）「教室型」実践の歩み ─ 学生主体の活動に転換していく可能性 ……… 15
　3　将来の「質の高い保育を提供できる」保育者の卵として ……… 18
　　（1）なぜ地域の「保育」・子育て支援演習なのか ……… 18
　　（2）自分の個性を出し、自分らしく伸びていく ……… 21

第1章　保育・子育て支援とは ……………………………………… 22〜27
　1　なぜ今、保育・子育て支援が必要なのか ……… 22
　2　保育・子育て支援の基本となる原理 ……… 22
　　（1）子どもの保育と子育てへの支援を一体的に展開する ……… 23
　　（2）子どもと保護者との関係を支援する ……… 23
　　（3）保護者と共に子育てのパートナーとなる ……… 24
　3　保育・子育て支援の場において求められる保育者の役割 ……… 24
　　（1）保育者が支援を行う対象 ……… 24
　　（2）保育者に求められる役割 ……… 24
　4　保育者養成校で保育・子育て支援を行うことの意義 ……… 25
　　（1）保育・子育て支援活動の背景 ……… 25
　　（2）何をどのように学ぶのか　学びの内容と方法 ……… 25
　　（3）どのような場で学ぶのか　活動の分類 ……… 27

第2章　保育者の専門性と保育・子育て支援 ……………………… 28〜37
　1　各種制度から見る保育・子育て支援 ……… 28
　　（1）幼稚園における保育・子育て支援 ……… 28
　　（2）保育所における保育・子育て支援 ……… 30
　　（3）幼保連携型認定こども園、その他の施設について ……… 33
　2　利用者、子どもの最善の利益 ……… 33
　3　保育者の倫理 ……… 35
　4　チーム保育の在り方　幼稚園（幼保連携型認定こども園） ……… 37

第3章　保育・子育て支援活動への学生の参加と学び …………… 38〜44
　1　学生の参加の仕方について ……… 38
　　（1）活動に取り組む姿勢 ……… 38
　　（2）活動における体験のプロセス ……… 38
　2　活動における学生の配慮事項 ……… 42
　　（1）個人情報の取り扱い ……… 42
　　（2）活動における自分の役割を考える ……… 43
　3　学生の学びについて ……… 43

第二部　演習編 ……………………………………………………………… 45〜108

第4章　子どもを理解しよう ……………………………………………… 46〜58
1　子どもの理解の意味 ………46
（1）乳幼児期の発達の特徴 ……46
（2）発達の個人差を理解する ……48
（3）子どもの発達と遊び環境 ……49
2　子どもの理解の方法 ………51
（1）観察法 ……51
（2）面接法 ……55
（3）保育の中での子ども理解 ……56
演習❶ ……58

第5章　保護者を理解しよう ……………………………………………… 59〜67
1　保護者とは？ ………59
2　保護者の思い ………59
3　保護者を力づける支援とは？ ………61
（1）乳幼児期の発達の特徴 ……61
（2）保育者の笑顔 ……61
（3）保育者のかかわり ……62
（4）保護者の意思を尊重する ……62
（5）保護者が子育ての際に必要とする場所 ……64
演習❷ ……67

第6章　地域のことを理解しよう ………………………………………… 68〜81
1　地域資源を知ろう ………68
（1）「地域（ちいき）」って、どこ？ ……68
（2）「資源（しげん）」って、なに？ ……69
（3）どうすれば地域資源に出あえるか ……70
2　保育者養成校と専門機関・関係機関との地域連携 ………73
（1）保育・子育て支援の専門機関や施設との連携・協力 ……74
（2）保育・子育て支援に関係する組織や人材との連携・協力 ……75
（3）行政と支える専門機関や施設、組織や人材などとの総合的な地域連携 ……77
（4）地域連携における連携の仕方と留意点 ……78
演習❸ ……81

第7章　保育・子育て支援の環境を構成しよう …………………………… 82〜92
1　保育・子育て支援における環境の意義 ………82
2　保育・子育て支援における人的環境 ………82
（1）人的環境とは ……82
（2）スタッフとして参加する学生に求められるかかわり方 ……83
3　保育・子育て支援における物的環境 ………85
（1）物的環境とは ……85
（2）物的環境を整えていく際の考え方 ……85
4　保育・子育て支援における空間的環境 ………87
（1）空間的環境とは ……87
（2）空間的環境を整えていく際の考え方 ……88
（3）保護者のための空間の配慮 ……90
5　関係をつなぐ環境の特性とは ………90
（1）人と人との関係をつなぐ ……91
（2）家庭と保育・子育て支援の場とをつなぐ ……91
演習❹ ……92

第8章　遊びの中で出会うことを知ろう ································ 93〜99
　1　保育・子育て支援と遊びの世界 ········ 93
　2　子どもと出会う ········ 94
　　（1）ある日の遊びの場面から ········ 94
　　（2）遊びの中で子どもたちにどう応えるか ········ 95
　　（3）遊びの環境をどうつくるか ········ 96
　3　保護者を支えるということ ── 遊びの世界の中で ········ 97
　　（1）新入園期の保護者支援から考える ········ 97
　　（2）人間的な視野から支援を考える ········ 98
　　演習❺ ········ 99

第9章　学びを発信しよう ································ 100〜108
　1　学びを発信することの意味 ········ 100
　2　学内での発信 ········ 101
　　（1）学内で発信することのねらい ········ 101
　　（2）学内で発信する内容 ········ 103
　　（3）学内発信の形式 ········ 105
　3　保護者、地域への発信 ········ 106
　　（1）おたより ········ 106
　　（2）ホームページ ········ 107
　　（3）報告会 ········ 107
　　演習❻ ········ 108

第三部　実践事例編 ································ 109〜159
第10章　教室型①　共立女子大学「さくらんぼ」 ································ 110〜119
　1　さくらんぼのスタートと現在 ········ 110
　2　さくらんぼの目指すもの ········ 110
　3　さくらんぼの概要〔2015（平成27）年〕 ········ 111
　4　さくらんぼの活動の流れ ········ 112
　　（1）活動開始の準備 ········ 112
　　（2）実際の活動の計画および環境構成 ········ 113
　　（3）親子との実際のかかわり ········ 115
　　（4）チームによる振り返り ········ 117
　5　子育て支援活動での学びと成長 ········ 118
　6　参加されている保護者の声 ········ 119
　7　活動の円滑な運営のために ········ 119
第11章　教室型②　相愛大学「よつばのクローバー」 ································ 120〜131
　1　「よつばのクローバー」のスタートと現在 ········ 120
　2　「世代間交流演習」授業の概要と活動のねらい ········ 120
　3　「よつばのクローバー」の活動の実際 ········ 121
　　（1）活動に向けての準備 ········ 121
　　（2）学生スタッフの役割 ········ 122
　　（3）各回の活動計画と実践 ········ 125
　　（4）振り返り ········ 127
　4　子育て支援活動での学びと成長 ········ 128
　　（1）保護者とかかわる力の育成 ········ 128
　　（2）親子や子育てに関する理解 ········ 130
　5　保護者への子育て支援効果 ── フォトレターの感想から ········ 131
　　（1）学生の子育て支援力育成効果 ········ 131
　　（2）保護者への子育て支援効果 ········ 131

第12章　ひろば型①　千葉明徳短期大学「育ちあいのひろば たいむ」 ⋯⋯⋯⋯⋯⋯⋯ 132〜143
　　1　育ちあいのひろばのスタートと現在 ⋯⋯⋯ 132
　　2　育ちあいのひろばの目指すもの ⋯⋯⋯ 132
　　3　育ちあいのひろばの概要 ⋯⋯⋯ 133
　　　（1）10のコンセプト ⋯⋯⋯ 133
　　　（2）育ちあいのひろばの内容 ⋯⋯⋯ 134
　　　（3）育ちあいのひろば たいむの環境 ⋯⋯⋯ 135
　　　（4）プログラムの内容 ⋯⋯⋯ 136
　　4　学生・教員の参画 ⋯⋯⋯ 138
　　　（1）学生主催のひろばの運営 ⋯⋯⋯ 139
　　　（2）授業での参加 ⋯⋯⋯ 140
　　　（3）気軽に子育てに触れる場として ⋯⋯⋯ 141
　　　（4）教員の専門性を生かした取り組み ⋯⋯⋯ 141
　　5　利用者が企画する活動 ⋯⋯⋯ 142
　　6　その他の事業・実践 ⋯⋯⋯ 142
　　　（1）実践を伝える ⋯⋯⋯ 142
　　　（2）まいぺーす・まいすぺぇす ⋯⋯⋯ 143
　　　（3）次世代育成 ⋯⋯⋯ 143

第13章　ひろば型②
　　　　東京都市大学 子育て支援センター「ぴっぴ」― 学生の日常的な学び ⋯⋯⋯⋯⋯⋯⋯ 144〜147
　　1　学内子育て支援施設の成立 ⋯⋯⋯ 144
　　2　「子育て支援演習」について ⋯⋯⋯ 145
　　3　「学内子育て支援センターぴっぴ」での学生の実習の在り方 ⋯⋯⋯ 146
　　4　「ぴっぴ」実習の意義 ⋯⋯⋯ 147

第14章　派遣型　日本福祉大学「NHK パパママフェスティバル」 ⋯⋯⋯⋯⋯⋯⋯ 148〜153
　　1　大学や市民団体とNHK名古屋放送局とのファミリーイベント開催 ⋯⋯⋯ 148
　　2　イベント参加への経緯 ― 実習指導の成果として ⋯⋯⋯ 150
　　3　派遣型・出張型の実践を学生と共につくる意義 ⋯⋯⋯ 150
　　4　「派遣」という在り方と保育者の専門性 ⋯⋯⋯ 152
　　5　社会資源としての保育者養成校の役割
　　　　　　― 学内だけの学びに閉じこもらない工夫 ⋯⋯⋯ 153

第15章　保育・子育て支援のまとめと展望 ⋯⋯⋯⋯⋯⋯⋯ 154〜159
　　1　実践を通しての学び ⋯⋯⋯ 154
　　　（1）それは何のための活動か ⋯⋯⋯ 154
　　　（2）学生として具体的に学べること ⋯⋯⋯ 155
　　2　保育・子育て支援における今後の展望 ⋯⋯⋯ 158

おわりに ⋯⋯⋯⋯⋯⋯⋯ 160
参考文献 ⋯⋯⋯⋯⋯⋯⋯ 161〜162
著者紹介 ⋯⋯⋯⋯⋯⋯⋯ 163

第一部
基礎編

序章 保育者養成校で保育・子育て支援を始めよう！

第一部 基礎編

　地域の保育・子育て支援。最近では多くの行政（自治体）や各種法人、民間企業等さまざまな実施主体がこの支援を行っているのは、みなさんもご存知の通りです。

　実は、近年では保育者養成校も、その例外ではないのです。

　養成校での取り組みを見渡してみると、いろいろなタイプがあることがわかります（以後、詳しくは第三部実践事例編参照）。学生であるみなさんが、実習・演習という授業で、あるいはボランティアのかたちで教員と共に自前の実践にかかわることには、学外での教育・保育実習とはまた一味違う学びの可能性が秘められています。ここでは、そんなことをみなさんと一緒に考えていきたいと思います。それは、どの取り組みにもみなさんが将来質の高い保育を提供できる保育者の卵になる可能性を秘めているからです。

1 養成校の「保育・子育て支援」は「教育・保育実習」と何が違うのだろう？

(1) 教育・保育実習で学ぶこと

　みなさんは今在籍している養成校を卒業すれば、幼稚園教諭や保育士等の免許・資格を取ることができます。多くのみなさんはそのためにその門を叩かれたことでしょう。そして現在、免許・資格科目の履修に奮闘されていることと思います。

　科目の大部分は講義や演習です。その演習も授業の形態が演習であるだけで、基本的には教員と学生のみで授業を構成しています。養成校の科目の中で、パターンとして唯一といっていい例外が、学外実習科目です。幼稚園教育実習や保育所保育実習などがこれにあたります。実習科目は、実習協力園で行います。つまり養成校を飛び出して行う科目です。

　でも、手ぶらで飛び出すわけにはいきません。みなさんは実習の事前と事後に実習指導を受けます。仲間内のみの養成校から、「子どもが育つ」場である実習園に出るのですから、社会人としてのマナーに始まって、幼稚園・保育所・認定こども園といったそれぞれの特徴、そこでの一日の流れや、子どもたちの発達の様子、保育者（幼稚園教諭・保育士・保育教諭）などの職務についてもその概要を実地で学んでいくことになります。

　その実習の事前指導で学んだことを経糸とし、免許・資格科目を受講することで学んだことを緯糸にして創り上げた大切な「知識」をもって実習に望むわけです。これは、いってみれば「浮き輪」。実習で溺れないための最低条件といっていいでしょう。

ところで、この学外での実習の大きな特徴の中に「必ず、実習先の指示に従うこと」というものがあります。みなさんは「実習生」。そこでの子どもの生活、そこで行われていることを学びに行くわけです。ですから実習園の「方針に従う」ということを外すことはできません。

　みなさんの実習園は、就学前の子どものための教育・保育施設です。しかし、義務教育が始まる小学校などとは少し違います。何が違うか、というと…。

　まず、私立園である割合が小学校よりはるかに多い点が挙げられます。具体的な私立の割合を見ると、小学校は約1％にすぎませんが、幼稚園は約63％を占めています。私立園には独自の建学の精神や、保育に対する考え方があります。

図① 学校種における運営主体別の割合

　もちろん、幼稚園であれば「幼稚園教育要領」、保育所であれば「保育所保育指針」、幼保連携型認定こども園であれば「幼保連携型認定こども園教育・保育要領」といった教育・保育内容等に関して準拠すべき骨子があります。これらはそれぞれの教育・保育施設で子どもがよりよく育っていくことを目指しており、いずれもそれぞれを管轄する省庁の大臣「告示」という形となっています。

　どの園も、基本的にはこれを土台にしているのですが、先ほども述べたように、もう一つ、その園の建学の精神といったような、その園が目指すところを土台に入れることができますし、それができる私立園が多いという特徴があるわけです。

　ですから、実習生として実習園に行くと、「自分の学んできた保育形態や保育内容とはずいぶん違うなあ」と考える実習生も当然ながら出てきます。

　このときに、「習ったのとは違う‼」とパニックを起こすのではなく、「なるほど、幼稚園や保育所などの就学前施設は、自分の思った以上に多様性があるのだ」ということを学んでほしいと思います。「多様性」があることを知ることは、実習終了後、養成校に戻ったときに、次のみなさんの学びの「大きな糸口」となるからです。つまり、「自分はどんな保育がしたいのか」ということを真剣に考えるチャンスになるわけです。

(2) 保護者とのかかわり

　ところで、学外での実習をすでに経験されたみなさんはおわかりの通り、その実習では、そこに通ってきている子どもたちの保護者に直接触れる経験を得ることは少ないといえます。まずは、そこでの子どもたちの生活の実態や、保育者の職務等を学ぶことが主となり

ます。保護者のことは、朝や帰りの保育者の対応を遠くから見て学ばせていただくことがせいぜいかもしれません。また、職員の話し合いなどに参加させていただく折に、先生方と保護者の方がどのように協力していたり、あるいは問題を抱えることがあったりするのかなどを学ばせていただくこともあるかもしれません。園が行っている地域の子育て支援の活動に参加させていただくチャンスがあれば、就学前の親子の様子を観察することもあるでしょう。

　しかし、いずれにせよ、それは間接的なかかわりであったり、時間も短時間であったりするので、なかなかそこから濃い学びを得ることは難しいというのが現状です。

　この学外での実習では、保護者とみなさんが関係をつくるところまでは踏み込めません。にもかかわらず、卒業して幼稚園・保育所等で働くようになった際の、みなさんの大きな心配ごとの一つに、この「保護者との関係・かかわり方」があることが挙げられます。今、本書を読み進めているみなさんはいかがですか？

2 保育・子育て支援で学生は何を学べるのだろう？

　筆者の答えは一つです。それは保育の「根っこ」あるいは「原型」といえるべきものの大方を学ぶことができるということです。「えっ、そんなに言い切っていいの？」と、みなさんは思われるかもしれません。でも学生や教員と協力して学内での保育・子育て支援の活動を地道に継続してきた10年間を振り返るたびに、その想いは強くなっていきます。では、なぜなのでしょう？

(1) 保育・子育て支援活動における学びの主体

　実践事例編を読まれるとおわかりのように、保育者養成校での保育・子育て支援の実践は大きく3つに分類することができます。①教室型、②ひろば型、③派遣型です。それぞれの特徴や、学生の学びの詳細については実践事例編に譲ることにしますが、養成校が行う実践の場合は「学生」と「教員」が協働して行うことは共通しています。つまり、同じ「実践の場」を共有しています。これが学外での実習と大きく異なるところです。さらに、学生、教員が共に活動の主催者、すなわち当事者であり、学生も保育を運営する主体となります。学外実習での「学ばせていただく」という在り方とはスタンスが異なります。主体ですから「責任」も伴います。「自分で考える」という割合も多くなり、「自分で動く」という割合も高くなります。こういった特徴を踏まえて、以後は筆者自身が経験してきた教室型を中心に、そこでの学びを見ていくことにしましょう。保育者である限り、学び続けるというスタンスは欠かせません。みなさんのような学生だけではなく、教員もまた保育を学び続けている存在であることが、おわかりいただけるのではないかと考えています。

(2)「教室型」実践の歩み－学生主体の活動に転換していく可能性

　みなさんは、子育て支援演習関係科目のテキストとして本書を手にされていることも多いことでしょう。すでに実践が行われている場合もあるでしょうし、これから教員の主導で、あるいは初めからみなさんと教員の協働で実践を行うべく学んでいる場合もあるでしょう。どこから始めてもよいのです。そしてどんな型から始めてもよいのです。みんなで知恵を絞って、自分たちで創り出す。そしていよいよ活動が始まると、参加してくれる親子と共に、みんなで進化させていかれれば、それが一番でしょう。あくまでも「進化」させていくことが大切。人と人が出会うところには「停滞」はあり得ないからです。

　それではどう進化してきたのか、具体的な一例として筆者らの活動から見ていくことにしましょう。

①はじめの一歩は試行錯誤

　新しいことを始めるとき、新しいがゆえにほかのモデルを見つけることは難しいものです。「今、自分たちの『身の丈』にあったできることは何だろう？」、まずはそこからです。

　筆者らの場合も学科が新設されたばかりのこともあり、手探りで始めるしかありませんでした。おまけにみなさんのような学生も1年生しかいないという状況でした。それでも養成校の中に教員も汗を流す自前の「保育の実践ができる場所」を置くことは、保育にかかわる教員としてなんとしても実現させたいことでした。それは、かつて筆者自身が実践の場に身を置いていたとき、「当事者としてかかわる保育の場は、子どもだけではなく、私たち大人も含めた人間が育つ場である」、ということを実感していたからだと思います。

　たまたま、学科が立ち上がったばかりということもあり、教員も全員がここでは新人。ただし児童学科ですから、保育・教育系の教員だけではなく、表現系、心理系の教員もいます。これはもう協力して立ち上げていくしかない。授業として科目を立ててはいませんでしたから、ボランティアベース、自主活動ということで始めたのです。一つ幸いだったのは、児童学科の中に発達相談・支援センターというものを付設したので、活動をそこに位置づけることができました。次は学生を募ること。これは授業を受講している学生たちに声をかけ、学生間の口コミで募集しました。そして今度は、活動に参加する親子を募ることです。何せ新学科ゆえ、地元の知名度もありません。そこで、まずは教職員の知り合いに声をかけて細々と出発しました。

②地域に広まり、年間活動へ

　地域の保育・子育て支援の多くは、冒頭でも述べたように自治体をはじめとしたさまざ

まな実施主体があります。養成校が実施主体というのは、当時はまだマイナーでした。
　養成校が実施主体である活動に参加する親子はどのようなことを期待してくるのだろうか？　ほかの実施主体との差別化を考えることなしには親子は参加してくれないのではないか？　そんな不安も頭をよぎりました。もう、教員同士で知恵を絞り合うしかありません。養成校の資源である表現系や心理系の教員ともコラボして、ほかの実施主体と差別化を図るべくあれこれ話し合い、試行していきました。

　実際の活動では、大枠の活動の流れや内容の一部は教員が提示したものの、学生と一緒になって子どもと遊びました。そんな試行期間を2年ほど経るうちに、徐々に参加した保護者の口コミで地域の参加者が増えていきました。

③育つ学生、背景に引く教員

　こうした試行錯誤を経たのち、曲がりなりにも地域に開かれた年間活動として周知され始めました。募集から実践活動まで、教員と話し合いを行った上で、学生が中心となる活動へと移行していったのです。

　教員も一緒に実践をする場では、学生はその姿を目の当たりにします。そこで学生は、「あっ、この教員のこの子どもとのかかわり方はいただき！」と思ったり、「教員は保育の専門家のはずなのに、あれっ、学生の動きとどこが違うのだろう」と考えたり、というように、教員に指導されるのではなく、その姿を見ながら学んでいくことができます。

　学生にとって、教員と共有する実践は、「よし、このチャンスだ。実際の保育方法などを先生たちから盗んで、自分たちのものにしよう！」という意気込みと「先生たち、子どもに対する自分たちのかかわりを評価するんじゃないかな」という不安などが交錯する場なのではないでしょうか。実践は、その人自身がそのままに現れる場であるからです。

　教員は、保育の専門家という位置づけですから、活動に参加している親子に専門家としてのかかわりを求められる場面もあります。たとえば、その場で保護者から子育てに関する相談を受ける場合などです。しかしそれも、みんなが自分らしく活動する場において、その一部とし

てそういう専門を必要とする場面もあるということです。親子活動に参加する保護者は、「子育てを相談しよう」というよりは「親も子もよい時を過ごそう」という意識で参加されていることも多いので、活動の主催者の教員とは「相談する」「相談されたことに応える」という勾配のある関係ではなく、よりフラットな関係といえます。むしろ雑談の中にこそ、いろいろな次への活動の「芽」があることも多いのです。

④学生と保護者は相互敬愛の関係へ

ところで、みなさんは「子どもの保護者」に対して、どんなイメージをもっていますか？よく耳にする「モンスターペアレンツ」、そんな印象をもっていることもあるのではないでしょうか。活動が定着するにつれて、学生たちの間には、初めの間は恐る恐るであった保護者とのかかわりについても、「保護者は今、巷で騒がれているようなモンスターペアレンツではない。

自分たちよりも一歩先を歩く人生の先輩」という見方が広がっていくようになっていきました。また活動後の振り返りの時間でも、ちょっぴり勇気をもって保護者と話してみたら、とても気さくで、子どものことをいっぱい教えてくれたというようなことが話されることが多くなっていきます。10年経った今では、特にまだ親子で活動することの多い乳児グループ（4月時点で生後6か月から1歳半のグループ）では、親子プラス学生で一緒に活動する場面が大幅に増えてきました。

一方、保護者の方からも、学生が子どもたちをよく見てくれていることや子どもたちへのまなざしが温かいこと、手作りおもちゃなどに工夫があること、活動後の保護者への写真入りおたよりへの感謝などが語られるようになりました。この保護者の言葉からは、保育の基本である子どもを人として尊重し、まだ発達途上にある子どもたちに温かいまなざしを送ることや、子どもにとって気持ちよい環境を整えることなどを的確にとらえてくださっていることがわかります。そして、それが保護者にとっても安心できることであることも。こうしてお互いに敬愛できる関係が構築されていきます。

⑤教員を越えて進む

試行錯誤と、ある意味積み重ねの活動の歴史の中から生まれてくるものがあります。それは、学生が教員を越える存在に育っていく可能性があるということです。言ってみれば当たり前のことではありますが、養成校での日常の生活の中では教員が上で、学生が下という勾配がある場面の方がずっと多いのは、みなさんもご存じの通りです。活動をより主体的に取り組むようになった学生たちは、自分の中の目標を見極め、それを目指すようになってきます。私たちの活動の中でも、反省会での発表には「卒論」を越えるものも出てくるようにもなりました。学生が活動のかなりの部分を主体的に行うことは、学生にとっ

ても責任があり、大変なことではあるのですが、一方で大きな可能性を開く力もまた生まれてくるのです。学生は活動を行いながら「自分が本気でしたいこと」を見つけていくことができるわけです。実際、学生の伸びしろには、目を見張るものがあります。ですから、これから活動を始めてみようと考えているみなさんには、ぜひ自信をもって臨んでいただきたいと思っています。

3 将来の「質の高い保育を提供できる」保育者の卵として

(1) なぜ地域の「保育」・子育て支援演習なのか

この本のタイトルは「保育・子育て支援演習」となっています。ここにあえて「保育」という言葉を入れたことには意味があります (詳しくは第1章p.22、23を参照)。

養成校での子育て支援活動は、自治体等が地域で行っているものと比べて、どこに特徴があるのか。そこを考えていくと、保育の専門職である養成校の教員と、保育者の卵であるみなさんのような「保育学生」が活動の大きな担い手であることに行きつきます。この将来「質の高い保育を提供できる保育者」の卵としての「保育学生」を育てることが養成校の責務だとすると、ある部分は自前で責任をもって学生を育てる努力をしなくてはなりません。

その努力をどこに傾けたらよいかと考えたとき、今、地域で子育てをしている親がゆったり、気持ちよく、安心して子育てできる力になること、また、子どもたちも自分らしさを発揮できる場を提供することが一つの案として浮かび上がってきます。それが養成校の行う地域での「保育・子育て支援」活動ということになります。

ところで、これから読み進められていけばおわかりのように、現在は保育の戦国時代ともいえる時代。多くの待機児童という待ったなしの課題もあり、認可保育施設を増設する一方で、規制緩和等で様々なニーズに応じた施設が林立する時代になっています。働く母親にとっては子どもを預かってもらえないことは死活問題です。そしてこの母親たちの熱意のおかげで、一時期と比べれば子どもたちを預かってくれる場所としてかなり「保育施設」は充実してきたといえるでしょう。

しかし、問題はそこからなのです。果たしてその場が、未来を担う子どもたちが人として健やかに育てる場になっているかどうか、という問題が残ります。つまりいうなれば「保育の質」を担保するという問題です。これをどうするのか。養成校の存在意味、なかでも地域で保育・子育て支援を行う意味ともかかわってくる問題ともいえます。

そこで、この演習で育つことが期待できる保育の根幹に関する学生の育ちについて、少し具体的に考えていきましょう。

①立ち止まって考える

まず一つ目。学生時代は立ち止まって考える時間があるということ。保育の現場は待ったなしで毎日が重なっていきます。そこに保育者として身を置くということは、忙しさとの戦いでもあります。そこには落とし穴がいくつもあります。「今日も、子どもたちはケガもなく、元気に過ごすことができた。いつも通りに過ぎていった。やれやれ…」といったものもその一つです。

でも、本当にいつも通りでいいのでしょうか？ いつも通りで子どもは成長しているって言えるのでしょうか？ そこに何か変化はなかったのでしょうか？ ここで必要なのは、いつもの通りと流さずに、「立ち止まって考えてみよう」という姿勢です。これは繰り返しにもなりますが、第1章4．表①（p.26）にもまとめてあるように、この活動を通じての学生の大きな学びの一つになります。

多くの場合、ある活動を計画から始めて、振り返り、次に向けての改善に至るまで、考えることだらけです。それが当たり前のこととして体の中に染みついていたら、それをしないと、気持ちが悪い、あるいは何か落としたような感じになることでしょう。それを身につけることが、忙しい現場で一時（いっとき）やれやれと思ったとしても、何か物足りなさを感じるスイッチになると思うのです。つまり「今日の保育のこと、子どものことを自分なりに考える」ということです。これって当たり前のように思いますよね。でも学生時代に感じているよりも保育者として巣立った後は難しいことを、みなさんの先輩にあたる保育者たちは語っています。

②子どもとも親とも、一人ひとりとていねいに

これもみなさんには当たり前のように感じられることでしょう。でも頭でわかるのではなく、実際の親子とかかわって、体感するということが大切です。養成校での活動ですから、保育現場よりも当然規模も小さくなります。規模が小さい、子どもに対してかかわる大人の人数が多い、というのは保育現場の実情を鑑みるとハンディにもなりますが、一人ひとりとじっくりかかわれるということは、子どもでも保護者でも「その人を知る」ということにつながります。じっくりそばにいたり、ていねいにかかわっていったりするうちに、「なるほど、みんな本当に違う！いままで一括りに『子ども』とか『保護者』って考えていたけれど、そうじゃない」ということに気づくわけです。これが二つ目です。

保育者として仕事についたとき、多くの子どもたちを一人で保育しなければならない場に立たされるということも多く、そのときは「学生時代は一人ひとりを大切になんて思っていたけれど、とってもそんな悠長なことは言っていられない！」って思うことも多いのが現実。実際、日本の保育現場では保育者一人当たりが保育しなければならない子どもの

人数が多いのです（表①）。でも、しかし、なのです。この活動を経験した先輩たちの中にはそんなとき、「今はみんな一緒に見えるけれど、この子どもたちはみんなそれぞれの思いをもって生きていると信じられる」と言います。だから何とか一人ひとりを少しでも理解しようと、この見えない日々をもちこたえようって思えるようです。これは並大抵のことではありません。自分の中にストンと落ちる納得した何かがなければ、なかなかもちこたえられるものではないからです。

国（州／県／市）	職員一人あたり児童数	定員ないしグループ規模
日本	0歳児3名。1～2歳児6名。3歳児20名。4歳以上児30名。	60名以上（小規模20名以上）。クラス人数の規定なし。
アメリカ（ニューヨーク州）	6週間未満児は最大3名、6週～18か月末満児4名、18か月～3歳未満児5名、3歳児7名、4歳児8名、5歳児9名、6～10歳未満児10名、10～12歳児15名。	最大定員は施設状況や職員数に鑑みて個別に決定。
イングランド（英国ではなく、イングランドのみ調査対象）	チャイルド・マインディングを除くあらゆる保育において2歳未満児は最大3名、2歳児4名、3歳以上児13名。リセプション・クラスを含む独立学校および公立学校／ナーサリー・スクールにおいては：3歳以上児は最大13名。	チャイルド・マインディングにおいては8歳未満児6名まで。そのうち未就学児は3人まで、0歳児は1人まで。その他のサービスについては定員規定なし。
フランス	歩けない乳幼児については最大5名。歩ける乳幼児については最大8名。児童園の3～5歳児については最大15名。児童数に関わらず保育士は1施設最低2名士。	共同保育所／一時保育所60名。親保育所25名。家庭保育所150名。児童園80名。複合保育所100名。ミニ・マイクロ保育所9名。
ドイツ（ザクセン州）	3歳未満児については最大6名、3歳以上児については最大13名。	規定なし。
スウェーデン（ストックホルム市）	1クラスにつき3名の職員を推奨。	1～3歳児クラスは最適目標12名・上限14人、4～5歳児クラスは最適目標16名・上限18名。
ニュージーランド	終日開所のセンターで全員2歳未満児の場合は最大5名。同じく全員2歳以上児で職員1名の場合は最大6名、職員2名以上の場合は1名あたり最大10名。同じく2歳未満児・以上児混在で職員1名の場合は最大3名、あとは両年齢階層ごとに上記と同じ基準。	規定なし。

出典【全国社会福祉協議会「機能面に着目した保育所の環境・空間に係る研究事業総合報告書」2009より原文ママ、筆者一部抜粋】

表① 職員配置基準とグループ規模

③みんなで場をつくる

　これもみなさんが学べることの一つです。養成校で行う場合を考えてみても、地域の人々と出会い、かかわるチャンスを得ることができます。ときには地域の資源を活用させていただくこともあるでしょう。実際の活動では教員や学生、保護者や子どもたちと一緒に活動を創り出していきます。みなさんの中には地域の子育て支援活動に参加する形で、この活動を行う方もいると思います。いずれにしても、「みんなで」ワイワイと力を出し合ってやっていく。こんな発想が必要です。みんなでということは、意見もぶつかることがあるということも含まれます。そういうピンチもまた活動の広がり、深まりを考えたときにはチャンスともいえます。学外実習のように配属された場を学ぶだけではなく、ここでは学生も一人の主体としてその活動を創っていくわけです。これはまた①で述べたように「考える」ということにもつながっていくわけですが、この場合は一人ではなく「みんなで」というのがコンセプトになります。これもこの活動を行ううちに、みなさんに深く培われることの一つなのです。

(2) 自分の個性を出し、自分らしく伸びていく

　学ぶということは深まってくると「自分からの学び」に転換していきます。この活動は自分自身で動いたり、考えたりしなければならないわけですから、通常の受け身になりがちな講義形式の授業とは異なり、それこそ、準備から片づけ、反省まで事前事後にもやらなくてはならないことが山積みです。そんなちょっとした試練を越えていくうちに、学生たちは「自分」のこの活動の中でやりたいことを見つけていきます。

　これは前述したように教員を越えていく瞬間になるのですが、そのやりたいことは実に様々です。ある人は保護者とのかかわりを深めるために、保護者と過ごす時間や終わってからのお手紙に力を入れます。また、ある人はどうしたら子どもたちがもっともっと遊びたくなるかと環境構成に凝り、手作りおもちゃの開発に余念がなくなります。子どもの成長を目の当たりにした人は、子どもの発達に興味をもって取り組んだりということもあります。地域に目の向いた人は、地域の子育て支援についてもっと調べ始めることもあるのです。子どもの動きに負けまいと、体力作りに励む人だって出てきます。

　目の前にかかわることのできる親子がいる、そしてその人たちが子育てを少しでも楽しめるようにと考え始めると、学生たちのそれに向かう勢いは、とどめることが難しいくらいです。なかには、たとえば卒業要件である卒論をほっぽってでもこちらに向かってしまう人も出るくらいなのです。「自力」で考える力がつくって、凄いことだとつくづく思います。

　初めは手探りで始めることの多いこうした地域の保育・子育て支援活動。こうしてもう一度見直してみると、「保育の質」を担保するためには欠かせない保育者自身が、自分の保育における様々なかかわりから、自分で考え、地域に開くことを視野に入れながら、スタッフ間で協働し、保護者を恐れず対等に力を合わせ、子どもと共に生活を切り開いていく、そしてそこで自分の個性を発揮して生きていく、という「保育の根っこ」を学べる場であると改めて思うのです。

第1章 保育・子育て支援とは

第一部 基礎編

1 なぜ今、保育・子育て支援が必要なのか

本書は、主に保育者養成校が行っている地域の保育・子育て支援活動の理論、方法、実践を基にして、保育者に求められる保育・子育て支援の知識や技術を体験的に学べる内容になっています。ここではまず、今日の日本でなぜ子育て家庭への支援が保育者の役割として求められているかを考えます。今日、少子化や都市化といった社会環境や生活環境の変化が親子を取り

まく状況にも大きな変化を与えています。以前にも増して地域とのつながりが希薄になり、親だけが子育ての役割を担っている孤立化の問題や、親になる前の育児経験が以前に比べて少なくなっているという養育力の低下といった様々な課題が出現しています。親や家庭だけで子育てを行うには困難な状況になっており、社会全体で子育てをするといった共通の認識をもつことが求められています。そのため、子どもの保育に関する専門的な知識や技術をもつ保育者には、保護者の子育てのパートナーとして、より良い子育てに取り組んでいけるように支援することが求められているのです。このように考えると、保育者を養成する段階から、親子と積極的にかかわり、体験的に知識や技術を学ぶことが重要となります。

2 保育・子育て支援の基本となる原理

近年、幼稚園、保育所、児童館（児童センター）、民間団体（NPOなど）が、地域の子育て支援事業をさまざまな形態や内容で展開しています。保育者（幼稚園教諭・保育士・保育教諭等）が子育て家庭を支援する機会や場所が増えています。

さらに近年では、保育者を養成する学校が、その資源や人材を生かして、キャンパス内で地域の親子を対象とした子育て広場や遊びの教室などを行っている例も増えてきています。これらの活動では、幼稚園教諭や保育士といった免許・資格をもつ保育者とともに、みなさんがスタッフとして、企画や計画に参加し、実際に親子の様子を観察したり、一緒に遊

びや活動を行ったりしています。

　養成段階からみなさんが親子の活動にかかわることができる機会が増えているわけですが、活動を通して何をどのように学べばよいか、明確にしておくことが大切と考えられます。本章ではまず、保育者が行う子育て支援に対する基本的な内容や方法を明確にしたいと考えています。すなわち心理や保健、福祉といった他専門職種とは異なる、保育者に特有の専門性や役割を明確にしたいと思います。

　そのため本書では、保育者が行う子育て家庭への支援の独自性を示すため、あえて「子育て支援」に「保育」という文字を入れて「保育・子育て支援」と呼ぶこととします。子どもの保育に携わる保育者が行う子育てへの支援のため、「保育・子育て支援」とすることで、他の専門職種とは異なる役割を明確にしたいと考えています。なお、本書でいう支援の対象は、主として小学校就学前の子どもおよび保護者とします。

　ではまず、保育者が行う「保育・子育て支援」に関して、特に大切な三つの基本的な原理を次に説明します。

(1) 子どもの保育と子育てへの支援を一体的に展開する

　ここでいう一体的な展開とは、子どもの保育と子育てへの支援は密接に関連しているということです。保育者は、子どもの最善の利益を考えた実践や子どもの成長・発達を促すかかわりを行っています。保育者が子どもとより良いかかわりをもつことで、保護者の信頼が得られ、その信頼関係をもとにより良い保育が行えるといった良い循環が得られると考えられます。そのためにも保育者にとっては、子どもの保育に関する確かな専門的知識や技術をしっかりと学ぶことが大切になります。保育者が行う「保育・子育て支援」は、保育の専門的知識や技術が基盤にあってこその子育てへの支援といえるのです。

(2) 子どもと保護者との関係を支援する

　人は関係的存在とよくいわれます。子どもも保護者も、もちろん保育者もさまざまな関係を形成しながら生活しています。そのため、支援する際にも課題や問題の原因を子どもや保護者個人に求めず、親子関係や親と地域との関係といった"関係"を基本としてその原因を考えることが大切になります。たとえば、「親が子どもに注意ばかりしている」、「子どもが親の言うことを聞かない」といった場面に遭遇しても、それを「親の愛情が足りない」、「しつけができてない」と個人の問題とすることをいったん止めてみましょう。そうではなく、参加している親子の関係にまず注目してみましょう。親子とかかわっていると、子どもが変われば親も変わり、親が変われば子どもの行動も変わることを多く経験します。親子で参加している場合が多い「保育・子育て支援」の場では、保育者は親子の関係性をとらえ、親子関係への支援を実践することができるのです。

(3) 保護者と共に子育てのパートナーとなる

「保育・子育て支援」というと、支援する"保育者"、支援される"保護者"という固定的で一方的な役割関係を思い浮かべるかもしれませんが、実際は保育者が参加している保護者から学んだり、元気をもらったりすることも多くあります。大切なことは、保育者が子どもの成長、発達を保護者と共に喜び、一緒に子育てを行うパートナーとしてかかわっていくことだと考えられます。

3 保育・子育て支援の場において求められる保育者の役割

(1) 保育者が支援を行う対象

　保育・子育て支援活動における保育者の役割を考える際、まず、その対象の範囲を考える必要があります。その範囲を大きく二つに分けると、①「日頃から継続的に保育を行っている子どもの保護者への支援」と、②「日頃から保育を行っているわけではない地域の子育て家庭への支援」になります。この違いは、保育所保育指針の第6章に記されている「保育所に入所している子どもの保護者に対する支援」と「地域における子育て支援」で示されている対象と同じ範囲を意味します。

　保育者は、このように日頃から継続的にかかわっている子どもの保護者と地域の子育て家庭への支援を担う役割が期待されています。実際に保育所等で保育者がどのような支援を行うべきか、その機能や特性は、本書の第2章に詳しく記しています。さらに近年では、地域の子育て家庭への支援において、ソーシャルワークの機能も保育者の役割として期待されています。ここでいうソーシャルワークとは、『生活課題を抱える対象者と、対象者が必要とする社会資源との関係を調整しながら、対象者の課題解決や自立的な生活、自己実現、より良く生きることの達成を支える一連の活動』[1]としてとらえられます。

(2) 保育者に求められる役割

　このように保育者に求められる役割は広がりを見せていますが、本書では、保育者に求められる多様な役割をなるべくわかりやすく理解できるように図にまとめました（図①参照）。この図を作成するために、小原（2016）が提案している子育てのパートナーとしての保育者の役割、保育所保育指針解説書、幼稚園教育要領解説書などを参考にしました。図①に示したように、まず、「子どもの保育」が中央に位置しています。これは、保育者の行う保育・子育て支援は、子どもの保育がすべての支援に共通する基盤であると考えるからです。

---

1) 厚生労働省『保育所保育指針解説書』フレーベル館、2008年、p.181

第1章　保育・子育て支援とは

①日頃から継続的に保育を行っている子どもの保護者への支援
- 保護者が気軽に立ち寄れる、行事や活動などに参加したくなるひらかれた環境をつくる。
- 連絡ノートや送迎時の対話、施設内の掲示といった日々のコミュニケーションを通して、活動の内容や子どもの様子を知らせる。
- 保護者会や保護者の自主的な活動（子育てサークルなど）といった保護者同士の交流を促す機会や場をつくる。
- 保護者の心情をとらえながら、理解、共感に基づいて説明、助言を行う。
- 保護者の養育力が向上するように、子どもとの遊び方やしつけの仕方などを助言したり、見本を示す。
- 保護者が施設の活動方針や内容に意見を言える機会や場をつくる。

子どもの保育

②日頃から保育を行っているわけではない地域の子育て家庭への支援
- 「ひろば」や活動の場などで安心して気兼ねなく過ごせる環境をつくる。
- 地域の子育てに関する情報提供に応じる。
- 保護者の身近な相談相手になることに努める。
- 保護者同士の自主的な活動（子育てサークル）の運営などをサポートする。
- 地域の子育て資源について理解し、必要に応じて保護者が地域の子育て資源を活用できるようにする。

図① 保育・子育て支援に求められる保育者の役割
【出典：著者作成】

4　保育者養成校で保育・子育て支援を行うことの意義

(1) 保育・子育て支援活動の背景

　これまで述べてきたように、保育・子育て支援の担い手として保育者（幼稚園教諭・保育士・保育教諭）の役割は、集団保育の場を利用している保護者に対する支援だけでなく、地域のすべての子育て家庭への支援へと広がりを見せています。

　保育・子育て支援における保育者の役割の広がりは、養成段階において専門的な知識や技術を学ぶことの重要性を意味しています。しかし、養成段階における学びは、『実際に保護者と接する機会の少ない学生に対し、どういう形での経験刺激を与え、実践的な保護者対応への力を向上させるのか、カリキュラムや指導企画においても今後の課題は多い』[2]といわれるように、課題が指摘されてきました。このことは、幼稚園や保育所の実習において保護者や親子とかかわる機会がほとんどなかったことも原因の一つとして考えられます。保護者とかかわる経験が少ない学生に対し、理論（授業）と体験（実習）とを統合できる場をいかに用意するかが、養成課程の課題として問われているのです。

(2) 何をどのように学ぶのか　学びの内容と方法

　しかし、現状のニーズに応じるように、保育者養成校が企画、運営し、学内や学外で地域の保育・子育て支援活動を行うことも多くなっています。みなさんが地域の保育・子育て支援活動に参加し、体験的に学ぶ機会も多くなっているのです。
　では、養成課程で学ぶべき保育・子育て支援の知識や技術を表①で見てみましょう[3]。

---

2) 秋山真奈美「現場で求められる幼児教育職務実践力とは —幼児教育職務実践力の作成を通して—」佐野短期大学研究紀要、22、2011年、pp.129-141

大項目	学びの項目	学びの内容
Ⅰ 保育・子育て支援の計画／準備／振り返り	自ら学ぶ態度を育てる	・実践の中で学ぶ姿勢をもつ。 ・自分の活動を振り返ることから気づきを得る。 ・自分の強みや弱みを知る。
	計画・準備や振り返りを通して学ぶ	・自分たちで計画案を立案する。 ・活動後に自分のふるまいを客観的に振り返る。 ・振り返りを次に生かして改善する。
	企画・広報の仕方を学ぶ	・活動の目標や内容などの企画を立てることに携わる。 ・自分たちの活動の情報を学内に発信する （案内、展示、映像や写真など）。 ・守秘義務、個人情報の管理に十分に配慮する。
	地域について学ぶ	・自分の住所や養成校の周辺の地域資源を知る。 ・養成校の活動が地域の人や機関とどのようにかかわっているか理解する。 ・地域の人や機関に活動の目的や意図を説明する。
Ⅱ 保育・子育て支援の実践	子どもを理解する・かかわる	・観察することでの視野の広がりを得る。 ・子どもの発達を理解する。 ・子どもの興味や関心を理解する。 ・子ども同士の人間関係を理解する。
	保護者を理解する・かかわる	・保護者と緊張せずにかかわれるようになる。 ・保護者への理解や共感に基づいてかかわる。 ・保護者の考えや思いを理解し尊重する。
	親子と一緒にかかわる	・親子の関係性を理解する。 ・親子と一緒に遊びや活動を行う。 ・保護者と一緒に子どもの成長を共に喜ぶ。 ・保護者等に連絡ボード・掲示物・おたよりなどを作成し、活動の目的や意図を説明する。
	相談を受ける・助言をする	・保護者からの子育ての相談などを受ける。 ・保護者に子どもとのかかわり方などの見本を示す。 ・保護者の子育てに関して助言をする。
	遊びの意義や大切さを学ぶ	・親子の遊ぶ姿をよく観察する。 ・子どもの自発的な遊びや他者とのかかわりを大切にする。 ・子ども自らが考え、イメージを豊かに表現するための素材や遊具を用意する（手作りなどして）。
	環境構成を学ぶ	・安全や清潔、親子にとって心地よい場になるように環境を構成する ・子どもの発達や興味、関心が広がるように素材や遊具を用意する。 ・音楽、造形、運動といった表現活動で親子が楽しめる場となるようにする。 ・遊びや活動の環境としての空間の在り方（静と動の空間、物の配置など）を理解し、実際に構成する。
Ⅲ チームとしての実践	スタッフの協働（チームアプローチ）を学ぶ	・スタッフ間で話し合って計画を決める。 ・実践の場でスタッフそれぞれの役割を意識してかかわる。 ・スタッフ同士で協力して活動を行う。

表① 保育・子育て支援活動における学びの内容 【出典：著者作成】

　表①にまとめたようにさまざまな知識や技術が挙げられますが、それらは、大きく三つに分けて考えられます。これら三つの領域は、バラバラにあるのではなく、相互に関連して実践を成り立たせていると考えられます。より良い実践のためには、「Ⅰ 計画／準備／振り返り」や「Ⅲ チームとしての実践」が大切なことはいうまでもなく、それぞれの学びは連動しています。また、表の内容を見てみると、保護者の「相談を受ける・助言をする」といった学生には難しい項目もあります。知識として学ぶことはできても実践することは難しいでしょう。まずは、「保護者と緊張せずにかかわれるようになる」「親子の遊ぶ

3) 小原敏郎・中西利恵・直島正樹・石沢順子・三浦主博『保育者養成校がキャンパス内で行っている子育て支援活動に関する調査研究』共立女子大学家政学部紀要、62、2016 年、pp.153-163

姿をよく観察する」といったことが学びの第１歩として考えられます。

このように、表①で示した内容は保育者養成校の実践のみですべてを学べるわけではありません。保育者としてキャリアを重ねるなかで身につく知識や技術も多くあります。ですので、この内容は、どのような学びが必要なのか、また、どのような学びが足りないのかを確認する一つの目安としてとらえてもらえればと考えています。

さて、本書の演習編や実践事例編では、表①に示した学びの内容をより詳細に説明し、演習課題などを通して段階的に学べるようになっています。そして、本書を通して活動の事前学習、さらには、事後学習が行えるようになっています。

(3) どのような場で学ぶのか　活動の分類

学生が参加する地域の保育・子育て支援活動といっても活動の場や内容は多様です。ここでは、多様な形態を整理するといった意味で、学生が参加する保育・子育て支援活動を以下の三つに分類したいと考えています。本書の実践事例編では、この分類を用いて具体的な養成段階での学びを明らかにしています。

①「教室」型における学び

ここでいう「教室」とは、保育者養成校が行う親子の遊びの教室、ものづくりの活動、異世代・地域交流、サマースクールなどといった、いわゆる「親子教室」や「親子のワークショップ」といわれる活動を意味しています。これらの活動の特徴として、保育者養成校ごとにその対象や回数に違いが見られます。たとえば、同じ親子が参加する場合や毎回違う親子を参加する場合、年数回と不定期に行われる場合や年10回以上と定期的に行われる場合など、さまざまな形態が見られます。本書では、10章、11章でその実践を詳しく知ることができます。

②「ひろば」型の保育・子育て支援活動における学び

ここでいう「ひろば」型の活動とは、保育者養成校が学内（養成校の施設や附設の保育施設など）において、継続して（おおむね週３回以上）、親子の交流の場や子育て等に関する相談、援助の場を提供していることを意味しています。このような親子が自由に集い、交流ができる子育ての「ひろば」に学生が参加することでどのような学びを経験できるか、12章、13章でその実践を詳しく知ることができます。

③「派遣」型における学び

上述した①②は、主に保育者養成校の学内の活動でしたが、「派遣」型は、地域の親子活動を行っている場（地域子育て支援拠点、児童館、公共施設、保育所、幼稚園など）に学生が出向き、活動を行うことを意味しています。学外での体験ということで、保育実習や教育実習と形態が似ていますが、親子とかかわることが主な目的となり、実習とは異なる体験をしていることがわかります。14章でその実践を詳しく知ることができます。

第2章 保育者の専門性と保育・子育て支援

子育て支援は、現在様々な形式で行われています。それはどのような制度、考え方に基づくものなのでしょうか。そして、保育者を目指すみなさんは、どのような学びを深めていけばよいのでしょうか。本章では、法律や幼稚園教育要領、保育所保育指針ほか、各種の制度や綱領が示す子育て支援の考え方を見ていきます。

1 各種制度から見る保育・子育て支援

(1) 幼稚園における保育・子育て支援

教育の目的及び理念並びに教育の実施に関する基本を定める教育基本法において、2006（平成18）年の改正で、幼稚園を管理監督・指導する国や地方公共団体の責務が次のように明示されています。まずその文言を確認してみましょう。

> **「教育基本法　第11条」**
> 幼児期の教育は、生涯にわたる人格形成の基礎を培う重要なものであることにかんがみ、国及び地方公共団体は、幼児の健やかな成長に資する良好な環境の整備その他適当な方法によって、その振興に努めなければならない。

また、それをうけて学校教育法では具体的に、幼稚園における子育て支援が法的に位置づけられています。2007（平成19）年に「学校教育法」の改正が行われ、幼稚園の役割として、子育て支援が次のように位置づけられたのです。

> **「学校教育法　第24条」**
> 幼稚園においては、…（中略）…、幼児期の教育に関する各般の問題につき、保護者及び地域住民その他の関係者からの相談に応じ、必要な情報の提供及び助言を行うなど、家庭及び地域における幼児期の教育の支援に努めるものとする。

> **「学校教育法　第25条」**
> 幼稚園の教育課程その他の保育内容に関する事項は、第22条及び第23条の規定に従い、文部科学大臣が定める。

（下線筆者）

第25条の下線部は、預かり保育を指しています。預かり保育は教育課程の外にある教育活動ですが、学校教育法上の根拠をもっており、教育課程同様、学校教育法や幼稚園教育の基本を踏まえて実施されています。このように、子育て支援も預かり保育も幼稚園の仕事であるということが示されています。幼稚園での子育て支援は、具体的には預かり保育や幼児期の教育センター的事業（未就園児プログラム）などを指すことになります。ここでいう「幼児・幼児期」とは、未就園児を含みます。

昨今の社会情勢の変化や先述のような法的位置づけを踏まえて、2008（平成20）年に幼稚園教育要領の改訂が行われ、園は子育て支援のために保護者や地域の人々に機能や施設を開放して、園内体制の整備や関係機関との連携及び協力に配慮しつつ、幼児期の教育に関する相談に応じたり、保護者同士の交流の機会を提供したりするなど、地域における幼児期の教育センターとしての役割を果たすように努めること、と子育て支援に関する内容の充実が示されました[1]。ここでいう「子育て支援」とは、教育課程の外の部分であり、教育課程に含まれるものについては「保護者や家庭との連携」と呼んでいます。

幼稚園教育要領にはそのほかにも、幼稚園は、地域の実態や保護者の要請により、教育課程に係る教育時間の終了後などに希望するものを対象に行う教育活動について、学校教育法第22条および第23条[2]ならびに、幼稚園教育要領に示される幼稚園教育の基本を踏まえて実施することや、幼稚園の目的の達成に資するため、幼児の生活全体が豊かなものとなるよう家庭や地域における幼児期の教育の支援に努めることなどが示されています。この幼児期の教育とは、幼稚園、保育所、認定こども園等が家庭・地域と連携するということを示しているのです。

子育て支援の取り組みは特別なものだけではありません。幼児の生活は、家庭を基盤として地域社会を通じて次第に広がりをもつものであり、家庭や地域との連携を十分に図って園生活を展開しなければなりません。連携を図るに際しては、保護者との情報交換の機会を設けたり、保護者と幼児との活動の機会を設けたりなどすることを通じて、日常の園生活における保護者の幼児期の教育に関する理解が高まります。同様に、行事などにおいて地域の人々の協力を得たり参加を促したりするなど地域社会に園を開くことにより、地域社会の幼児教育への理解を深める配慮がなされています。このような日常の保育の取り組みも子育て支援の一環といえるでしょう。

1）2017（平成29）年、幼稚園教育要領、保育所保育指針、幼保連携型認定こども園教育・保育要領が改訂され、子育て支援にかかわる内容が手厚く取り扱われることになっている。（2016年11月現在）

2）学校教育法
第22条　幼稚園は、義務教育及びその後の教育の基礎を培うものとして、幼児を保育し、幼児の健やかな成長のために適当な環境を与えて、その心身の発達を助長することを目的とする。
第23条　幼稚園における教育は、前条に規定する目的を実現するため、次に掲げる目標を達成するよう行われるものとする。
　1　健康、安全で幸福な生活のために必要な基本的な習慣を養い、身体諸機能の調和的発達を図ること。
　2　集団生活を通じて、喜んでこれに参加する態度を養うとともに家族や身近な人への信頼感を深め、自主、自律及び協同の精神並びに規範意識の芽生えを養うこと。
　3　身近な社会生活、生命及び自然に対する興味を養い、それらに対する正しい理解と態度及び思考力の芽生えを養うこと。
　4　日常の会話や、絵本、童話等に親しむことを通じて、言葉の使い方を正しく導くとともに、相手の話を理解しようとする態度を養うこと。
　5　音楽、身体による表現、造形等に親しむことを通じて、豊かな感性と表現力の芽生えを養うこと。

みなさんは、保育者として世に出ていくと、これらの役割を期待され、その運営を担っていくことになるでしょう。子育て支援の実践的な学びは、教育・保育実習において学習できる機会が少ないため難しいこともあります。学生の間に子育て広場や子育てサークルなどのボランティア活動に取り組み、積極的に子育て支援にかかわってみましょう。また養成校で主体的にかかわる機会があれば、十分にその場を活用し、学ぶとよいでしょう。

(2) 保育所における保育・子育て支援

保育所における子育て支援については、児童福祉法において、次のとおり入所児の保護者への指導も保護者の専門性に含めて次のように明示しています。

> 「児童福祉法　第18条4」
> 保育士とは、…（中略）…、専門的知識及び技術をもつて、児童の保育及び児童の保護者に対する保育に関する指導を行うことを業とする者をいう。

また、同法第48条4において、次のように示されており、先の入所児並びにその保護者に対する支援（保育）は当然のこと、そのほか地域の子育て家庭に対する支援が努力義務として位置づけられています。

> 「児童福祉法　第48条4」
> 保育所は、当該保育所が主として利用される地域の住民に対してその行う保育に関し情報の提供を行い、並びにその行う保育に支障がない限りにおいて、乳児、幼児等の保育に関する相談に応じ、及び助言を行うよう努めなければならない。

地域の子育て支援とは、たとえば、園庭を開放して未就園児の親子の遊びの場を提供したり、誕生会や季節のイベント等への参加を呼びかけたりすることなどがあります。これらの活動の合間に、保護者からの子育ての相談に応じることもあります。担当の保育士が対応しますが、「離乳食をどう始めたらよいかわからない」「成長が遅い気がする」など、相談内容によっては栄養士や看護師が専門家として相談に応じます。

保育所保育指針では、2008（平成20）年の改訂により、子育て支援の内容が盛り込まれました。保育所は、入所する子どもを保育するとともに、家庭や地域の様々な社会資源との連携を図りながら、入所する子どもの保護者に対する支援及び地域の子育て支援を担う役割があること、また、その専門性を生かした保護者・子育て支援は重要であり保育士等の業務であることが示されています。そのため、保育所はその特性を生かし、保育所に入所する子どもの保護者に対する支援及び地域の子育て家庭への支援について、職員間の連携を図りながら、次の事項に留意して、積極的に取り組むことが求められているのです。先の幼稚園教育要領の節でも述べましたが、保育者として子育て施設で働くことは、すなわちいずれも同様に子育て支援を行わなければなりません。具体的には、保育所における保護者に対する支援の基本としては、次の項目が挙げられています。

> 「保育所保育指針より抜粋」
> (1)子どもの最善の利益を考慮し、子どもの福祉を重視すること。
> (2)保護者とともに、子どもの成長の喜びを共有すること。
> (3)保育に関する知識や技術などの保育士の専門性や、子どもの集団が常に存在する環境など、保育所の特性を生かすこと。
> (4)一人一人の保護者の状況を踏まえ、子どもと保護者の安定した関係に配慮して、保護者の養育力の向上に資するよう、適切に支援すること。
> (5)子育て等に関する相談や助言に当たっては、保護者の気持ちを受け止め、相互の信頼関係を基本に、保護者一人一人の自己決定を尊重すること。
> (6)子どもの利益に反しない限りにおいて、保護者や子どものプライバシーの保護、知り得た事柄の秘密保持に留意すること。
> (7)地域の子育て支援に関する資源を積極的に活用するとともに、子育て支援に関する地域の関係機関、団体等との連携及び協力を図ること。

たとえば(2)の「保護者とともに、子どもの成長の喜びを共有」とは、保育者が、親が抱くわが子への思いと同じ気持ちになって保護者に接することができる存在になるということです。共有してくれる人がいるだけで、保護者の子育ての喜びは2倍、3倍にもなるのです。

(4)の「保護者の養育力向上」とは、児童福祉法において保育者は、保育に関する相談に応じたり助言したり、また、保護者に対する保育に関する指導を行うよう示されていますが、これは「保護者の子育ての不十分なところを指摘して指導すること」という考えではありません。保護者が子育てに自信をもち、子どもへの理解や愛情を深められるようなメッセージを送ることが大切なのです。具体的には、保護者が困っているときには手助けし、伝えるべきことは、保育所の実践を通して見せていく、ということです。

それでは入所児の保護者に対する支援と、地域の子育て家庭への支援において違いはあるのでしょうか。

①保育所に入所している子どもの保護者

保育所に入所している子どもの保護者に対する支援は、日常的な子どもの保育を行うかかわりの中において行うこととされています。

たとえば、家でなかなか野菜を食べない子どもについて保護者が悩んでいたときに、参加した保育参観の際に給食で、子どもが野菜を食べていたとします。実際に見た子どもの様子と保育者等の適切な助言により、親は、「こんなふうに味をつければ食べることができるのね」とか「切り方の工夫が必要ね」などと気づくことができます。それは、家庭での子育ての工夫につながるでしょう。このように、改まった相談

写真① 園での食事

の機会だけでなく、送迎時の対応、連絡帳やおたより、保育参観、各種行事参加など、日常の保育を通して保護者を支援することができます。

また、日常の子どもの保育を通して支援を行うためには、保護者に保育所での子どもの生活の様子や、保育の意図などをきちんと伝え、保護者との相互理解を図ることが必要です。

　保育所と保護者の互いの理解が図られることにより、保護者は、子育ての負担が軽くなったり、子育ての喜びが見いだせたりし、子どもの育ちを保育者と共有できることになるのです。保育者は、保護者からもたらされる子どもの育ちを日々の保育に還元し、より良い子どもの生活環境を整えることができるようになります。また日々の保育だけでなく、延長保育、休日保育、特別な課題がある場合などの個別の支援、児童相談所との連携などにより、保護者を支援していきます。

　このように共に「子どもの最善の利益」を考え、連携し合える関係を築くこと、また保護者が子どもを理解し子育てに喜びを見いだせるために、保育所保育の意図を子どもたちの様子とともに伝えることが大切です。手立てはいろいろ考えられますが、大事なことは「子どもが育っている」ということをわかりやすく伝えることなのです。

　さて、そのためには、みなさんは今どのようなことを学ぶべきなのでしょうか。

　親子の集まる公園などに行き、実際に親子がかかわる場面を観察したり、子育て支援のボランティアなどに参加したりすることもよいでしょう。養成校で子育て広場などの機会が設けられている場合は、積極的に参加するようにしましょう。そのような活動を通して、保護者と円滑なコミュニケーションを築く力や、子どもの育ちやエピソードを、<u>肯定的でわかりやすい表現</u>で伝える力がついてくるでしょう。

写真② 学生の参加した子育て支援活動

②地域における子育て支援

　地域における子育て支援については、「当該保育所の体制、地域の実情等を踏まえて行う」とされています。これは努力義務ですが、積極的に行うという意味です。具体的には、子育て家庭に関する相談や園庭開放、一時保育などがあります。地域の実情等を踏まえるということは、たとえば子育て支援センターなどが近くにある場合、役割を分担するなど臨機応変に対応することを意味します。協力し合える機関には、児童館や子育て広場なども含まれます。みなさんもボランティア活動などを通して、普段から意識して身のまわりにある地域資源（p.68～6章を参照）に目を向け、そのかかわりや働きを知るとよいでしょう。

　園で行う地域における子育て支援については、園庭開放や子育て相談、自助的活動（子育てサークルなど）の支援があります。園庭開放や保育体験は、物理的に場所が提供されるということだけでなく、保護者はそこでたくさんの子どもの様子や保育者とのかかわりを見ることができるという利点があります。子どもにより様々な育ちがあることを体験的に理解し、それによりわが子への理解も深まります。保育士のかかわりを見て学んだり、ほかの子どもと触れ合ったりすることも支援として大変有効なのです。前述したように、保

育所の日常そのものが、子育て支援になりうるということを理解していきましょう。

　子育て家庭の交流の場（保護者同士がつながる自助的な活動支援）については、保護者が自立していくような支援を目指します。しかし同時に、ある程度成熟した交流ができ上がっても、保育所は常に新しく参加する人が、溶け込めるように配慮し、活動内容や機会づくりを工夫していくことが必要です。また、家庭のニーズに応じて多様な保育サービスを行っていくことが求められます。延長保育事業、病児・病後児保育事業、一時預かり事業、休日保育事業、地域子育て支援拠点事業などがそれに当たります。

写真③ 園庭開放

(3) 幼保連携型認定こども園、その他の施設について

　幼稚園や保育所に加え、「保護者が働いている・いないにかかわらず利用可能」な幼保連携型認定こども園が増えています。在園児の保護者に対する子育ての支援については、保護者の生活形態が異なることを踏まえ、認定こども園ならではの配慮や工夫が求められますが、子育て支援についての基本的な考え方は、前述した幼稚園や保育所と同様です。また、そのほかの子育て施設（認証保育園など）についても、同様の考え方で子育て支援の役割を担うことが期待されています。

2　利用者、子どもの最善の利益

　「子どもの最善の利益」という文言は、子どもの権利条約（＝児童の権利に関する条約）を踏まえています。子どもの最善の利益に関わる児童福祉法第1条は、2016（平成28）年に正案が出され、「子どもの権利」が日本の法律に初めて明記されることになりました。

> **児童福祉法　第1条**
> 　全て児童は、児童の権利に関する条約の精神にのっとり、適切に養育されること、その生活を保障されること、愛され、保護されること、その心身の健やかな成長及び発達並びにその自立が図られることその他の福祉を等しく保障される権利を有する。

　現実的には、保護者が困るから子どもを預けるのであり、また親を支援するのですが、それらはすべて、あくまでも子どものためという考え方です。親を支援することにより子どもの利益につながるということを明確にしておく必要があります。

　この子どもの最善の利益についての概念は、児童福祉の場だけに当てはまるものではありません。「子ども・子育て支援法」の制定の際、その意義として、子どもの最善の利益の

概念を踏まえています。子育て支援については第1条にあるように、『我が国における急速な少子化の進行並びに家庭及び地域を取り巻く環境の変化に鑑み、児童福祉法その他の子どもに関する法律による施策と相まって、子ども・子育て支援給付その他の子ども及び子どもを養育している者に必要な支援を行い、もって一人一人の子どもが健やかに成長することができる社会の実現に寄与する』ことを目的としているのです。このように、子どもの最善の利益の概念は、学校施設（幼稚園や認定こども園）にも同じように該当していると考えられます。また、幼稚園や保育所、認定こども園を含む社会の構成するものに対する子育て支援の考えは、次の子ども子育て支援法第2条に示されています。これに加えて、子

子ども子育て支援法　第2条

　子ども・子育て支援は、父母その他の保護者が子育てについての第一義的責任を有するという基本的認識の下に、家庭、学校、地域、職域その他の社会のあらゆる分野における全ての構成員が、各々の役割を果たすとともに、相互に協力して行われなければならない。
2　子ども・子育て支援給付その他の子ども・子育て支援の内容及び水準は、全ての子どもが健やかに成長するように支援するものであって、良質かつ適切なものでなければならない。
3　子ども・子育て支援給付その他の子ども・子育て支援は、地域の実情に応じて、総合的かつ効率的に提供されるよう配慮して行われなければならない。

子ども・子育て支援法に基づく基本指針（抜粋）[1]

1　子ども・子育て支援の意義に関する事項
〔子どもの育ち及び子育てをめぐる環境〕
　　○「子どもの最善の利益」が実現される社会を目指すとの考え方を基本とする。
　　○障害、疾病、虐待、貧困など社会的な支援の必要性が高い子どもやその家族を含め、全ての子どもや子育て家庭を対象とし、一人一人の子どもの健やかな育ちを等しく保障することを目指す。
〔子どもの育ちに関する理念〕
　　○乳児期における愛着形成を基礎とした情緒の安定や他者への信頼感の醸成、幼児期における他者との関わりや基本的な生きる力の獲得など、乳幼児期の重要性や特性を踏まえ、発達に応じた適切な保護者の関わりや、質の高い教育・保育の安定的な提供を通じ、子どもの健やかな発達を保障することが必要。
〔子育てに関する理念と子ども・子育て支援の意義〕
　　○子ども・子育て支援とは、保護者が子育てについての第一義的責任を有することを前提としつつ、地域や社会が保護者に寄り添い、子育てに対する負担や不安、孤立感を和らげることを通じて、保護者が自己肯定感を持ちながら子どもと向き合える環境を整え、親としての成長を支援し、子育てや子どもの成長に喜びや生きがいを感じることができるような支援をしていくこと。そうした支援により、より良い親子関係を形成していくことは、子どものより良い育ちを実現することに他ならない。
　　○子どもや子育て家庭の置かれた状況や地域の実情を踏まえ、幼児期の学校教育・保育、地域における多様な子ども・子育て支援の量的拡充と質的改善を図ることが必要。その際、妊娠・出産期からの切れ目のない支援を行っていくことに留意することが重要。
〔社会のあらゆる分野における構成員の責務、役割〕
　　○社会のあらゆる分野における全ての構成員が、子ども・子育て支援の重要性に対する関心や理解を深め、各々が協働し、それぞれの役割を果たすことが必要。

【子ども・子育て支援新制度説明会資料『基本指針について』、平成25年より】

1）正式名称：「教育・保育及び地域子ども・子育て支援事業の提供体制の整備並びに子ども・子育て支援給付及び地域子ども・子育て支援事業の円滑な実施を確保するための基本的な指針」

第2章　保育者の専門性と
保育・子育て支援

ども・子育て支援法に基づき、教育・保育の提供及び地域の子ども・子育ての支援が整備され、円滑に実施されるように、次のような基本指針が国から示されています。

このようなことからわかるように、すべての子育て施設（幼稚園、保育所、こども園）は、等しくその考えに基づいて、支援がなされなければならないということです。

さらに、「子どもの最善の利益」という文言については、「子どもの」と単数形になっているところがポイントです。基本指針にも記されていますが、これには、「一人ひとりの子どもの最善の利益を考える」という意味合いが含まれています。具体的にいうと、たとえば、保育所の延長保育を考えたとき、その子どもがどの程度延長保育を必要としているかは、その子どもの置かれた状況により一人ひとり違うのです。保護者とともに過ごす時間が大事だからと延長保育を認めない考え方により、結局子どもが放置されたり、二重保育の負担を強いられたり、貧困状態に置かれるのであれば、延長保育を認め、安心して過ごせる場を保障することが、その子どもの最善の利益であると考えます。その置かれた状況を個々のケースに応じて慎重に考えていくことが必要です。

3　保育者の倫理

保育者の倫理は、全国保育士会倫理綱領（全国保育士会ホームページhttp://www.z-hoikushikai.com/about/kouryou/index.html）でも述べられています。保育者の倫理については、保育士に限ったものではなく、幼稚園教諭等にも同様に求められていますが、ここでは、次の全国保育士会倫理綱領の内容のいくつかを見ていきましょう。

全国保育士会倫理綱領

すべての子どもは、豊かな愛情のなかで心身ともに健やかに育てられ、自ら伸びていく無限の可能性を持っています。

私たちは、子どもが現在（いま）を幸せに生活し、未来（あす）を生きる力を育てる保育の仕事に誇りと責任をもって、自らの人間性と専門性の向上に努め、一人ひとりの子どもを心から尊重し、次のことを行います。

・私たちは、子どもの育ちを支えます。
・私たちは、保護者の子育てを支えます。
・私たちは、子どもと子育てにやさしい社会をつくります。

1．子どもの最善の利益の尊重

私たちは、一人ひとりの子どもの最善の利益を第一に考え、保育を通してその福祉を積極的に増進するよう努めます。

2．子どもの発達保障

私たちは、養護と教育が一体となった保育を通して、一人ひとりの子どもが心身ともに健康、安全で情緒の安定した生活ができる環境を用意し、生きる喜びと力を育むことを基本として、その健やかな育ちを支えます。

3．保護者との協力

私たちは、子どもと保護者のおかれた状況や意向を受けとめ、保護者とより良い協力関係を築きながら、子どもの育ちや子育てを支えます。

35

> 4．プライバシーの保護
> 　　私たちは、一人ひとりのプライバシーを保護するため、保育を通して知り得た個人の情報や秘密を守ります。
> 5．チームワークと自己評価
> 　　私たちは、職場におけるチームワークや、関係する他の専門機関との連携を大切にします。また、自らの行う保育について、常に子どもの視点に立って自己評価を行い、保育の質の向上を図ります。
> 6．利用者の代弁
> 　　私たちは、日々の保育や子育て支援の活動を通して子どものニーズを受けとめ、子どもの立場に立ってそれを代弁します。
> 　　また、子育てをしているすべての保護者のニーズを受けとめ、それを代弁していくことも重要な役割と考え、行動します。
> 7．地域の子育て支援
> 　　私たちは、地域の人々や関係機関とともに子育てを支援し、そのネットワークにより、地域で子どもを育てる環境づくりに努めます。
> 8．専門職としての責務
> 　　私たちは、研修や自己研鑽を通して、常に自らの人間性と専門性の向上に努め、専門職としての責務を果たします。

　第3項、第6項の「保護者の子育てに対する支援について」は、保護者とより良い協力関係を築き、それにより子どもの育ちや子育てを支える、という保育士の姿勢が示されています。これは子どもの健全な育ちのために、保護者支援をするということであり、保護者支援は、保護者のためだけのサービスではないということを示しています。保護者の子育てを支援することにより、保護者の心にゆとりが生まれ、そのことが間接的に子どもによい影響を及ぼす、と考えるのです。

　第4項「プライバシーの保護」については、児童福祉法（第18条の22）にも『保育士は、正当な理由がなく、その業務に関して知り得た人の秘密を漏らしてはならない。保育士でなくなった後においても、同様とする』と規定されていますが、家族構成や相談された内容などの個人情報については決して周囲には漏らしてはいけないということです。またこのことを相手に伝え、安心して話してもらうという配慮も必要です。一つひとつのていねいなかかわりが、信頼関係をつくっていき、課題の円滑な解決につながるのです。

　第6項の「利用者の代弁」については、子どもの育ちのために、保育士がさまざまな形で利用者である保護者の代弁者になり、子育てのための環境をより良いものにしたり、困難な子育てを支援したりする、という姿勢を示しています。

　第7項の「地域の子育て支援」については、園の子どもだけを対象とするのではなく、地域に対してもより良い子育て環境をつくることがその使命となっていることをさしています。保育所で直接かかわる子どもの育ちだけでなく、地域全体の子どもの育ちを考えていくことが、その職務であるとしています。

　これらの内容から、子育て中の家庭にとって、保育所や幼稚園、認定こども園が「頼ることのできる場所」であり「かけがえのない大切な場所」となることが期待されていることがわかると思います。家庭が困難や課題にぶつかったとき、保育者は、子どもや保護者が「主体」であることを忘れずに、「保育の」専門職として何ができるのか、何をすべき

なのか、倫理綱領に立ち戻りながら、支援していくことが求められているのです。また、保育者自身が問題を背負いすぎることなく、まずは園内で問題を共有して対処し、必要に応じてさらなる専門機関につなぐ手立てについて、常に意識して準備しておくことが必要です。そのため個々の保育スキルを上げていくのは当然です。しかし、問題を共有するための力の基礎は、学生のうちに身につけておきたいものです。たとえば、実習に出る際に気をつけなければいけないと指導されている個人情報の保護なども、このような支援には大切なスキルです。具体的には、活動においてかかわった子どもや保護者、園のことを、許可なくSNSなどに掲載して情報を発信しないというようなことも、保育者として仕事をしていく上で基本的かつ重要な倫理です。また、コミュニケーション力を磨く、問題の共通認識を可能とするための表現力、情報の把握能力、またそれらの基礎となる聞く力、考える力を日々の学びの中で意識することが大切です。

写真④ 保育カンファレンス

4 チーム保育の在り方　幼稚園（幼保連携型認定こども園）

　中央教育審議会平成27年12月21日第104回総会『チームとしての学校の在り方と今後の改善方策について（答申）』では、『複雑化・多様化した課題を解決するための体制整備』が必要だと述べられています。「チーム学校」のねらいは、『学校という場において子供が成長していく上で、教員に加えて、多様な価値観や経験を持った大人と接したり、議論したりすることは、より厚みのある経験をつむことができ、本当の意味での「生きる力」を定着させることにつながる』というところにあります。「チームとしての学校」の在り方として、『学校と家庭、地域との連携・協働によって、共に、子どもの成長を支えていく体制を作ることで、学校や教員が教育活動に重点を置いて取り組むことができるようにすることが重要である』という学校の教育活動から見る側面とともに、『学校を核とした地域づくりを推進し、社会総掛かりで教育を進めていくことが求められる』という地域に広がる視点からの側面があります。

　つまり、幼児期の終わりまでに育ってほしい力（子どもの生きる力）を育むために、学校と家庭、地域が協力し、社会総がかりで取り組むことが求められているのです。そのためのチーム学校であるととらえたらよいでしょう。今後、さらに地域の資源を活用するとともに、地域の子育ての中心としての役割を担っていくことになるでしょう。

第3章 保育・子育て支援活動への学生の参加と学び

1 学生の参加の仕方について

(1) 活動に取り組む姿勢

　第2章でも詳しく記されていますが、保育所保育指針では、保育者の保護者に対する支援の基本として、「子どもの最善の利益を考慮し、子どもの福祉を重視すること」「保護者とともに、子どもの成長の喜びを共有すること」「子育て等に関する相談や助言に当たっては、保護者の気持ちを受け止め、相互の信頼関係を基本に、保護者一人ひとりの自己決定を尊重すること」といった内容が記されています。みなさんが活動に取り組む際にも、子どもの成長・発達を第一に考えること、保護者と共感し合うこと、保護者一人ひとりの考えや思いを尊重し受容すること、といった姿勢が大切になります。さらにみなさんにとっては、親子から学ばせていただくという謙虚な姿勢で取り組むことが大切です。そのためには、「親子に笑顔であいさつや受け答えをする」「時間を守る、提出物の期限を守る」「活動時の体調管理に気をつける」「率先して自分にできることをする」「他者と協力して活動を行う」「自ら学ぼうとする気持ちをもつ」といった基本的な態度や姿勢が求められるといえます。

(2) 活動における体験のプロセス

　では、実際の保育・子育て支援活動に参加するみなさんはどのような体験ができるのでしょうか。次に示したような「知る」「感じる」「つながる」「考える」「共有する」といった学びの循環を経験すると考えられます。

　図①を見るとわかりますが、これら5つの要素はバラバラではなく、相互に関連しています。すなわち、実践活動では、「感じながら考える」「共有しながら知る」

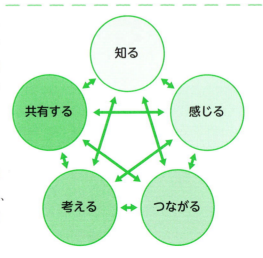

図① 活動における体験のプロセス【著者作成】

といった二つ以上のことを同時に行うことも多くあります。以下では、体験の複雑さを整理するために、各要素で考えられる内容を詳しく見ていきます。

① 「知る」

　まず、初めて活動に参加するときのことを浮かべてみましょう。何を「知る」ことが求められるでしょうか。活動に主体的に参加するためにも、まず、活動の目的や内容、活動の流れや活動回数など、どのような活動が展開しているかを知る必要があります。大学等が授業として保育・子育て支援活動を行っている場合は、シラバスに活動の概要が明記されていると考えられますので、その内容をよく理解しておきましょう。また、授業として設定されていない場合も、担当の教員に内容を確認したり、活動の資料をよく読んだりしておきましょう。

　参加する親子のことを知ることも大切なことです。まず事前に、参加が見込まれる子どもの年齢の発達過程を理解するために、保育原理や発達心理学、保育内容に係わる科目などで学んだことを振り返ってみましょう。また、事前にアンケートやインタビューによって、保護者から子どもの好きな遊びやアレルギー等の有無、保護者が活動に期待することなどを聞き取っている場合もあります。親子の様子やニーズを事前に知ることで、見通しをもったかかわりが可能となります。

　スタッフの役割を知ることも大切です。保育・子育て支援活動においては、学生であるみなさんもスタッフとして、たとえば次のような多くの役割を担うことが考えられます。

活動の企画や広報	活動の計画の立案	環境の構成
親子との実際のかかわり	活動の記録	スタッフ同士の連携

　どのような役割を自分が担うのか、事前に役割分担を知ることができれば、心構えや準備も可能となります。

　以上のような"活動の概要を知る"、"親子を知る"、"スタッフの役割を知る"ことは、活動前や1回の活動だけで身につくものではなく、図①に示したように学びの循環を通して理解が深まっていくと考えられます。そしてこの学びの循環は、自分自身について知る過程にもなります。すなわち、活動の実践やその振り返りを通して、親子とのかかわりにおける自分の強みや弱みを見いだすことができるのです。

② 「感じる」

　子どもたちが自ら遊びを楽しみ、豊かな感性を育むためには、スタッフも、見る、聞く、嗅ぐ、味わう、触る、といった五感をフルに使った取り組みが大切になります。

　このことは、子どもの育ちを、「できる—できない」といった能力的側面でとらえるこ

とと違った視点で見ることを意味します。すなわち、スタッフが子どもの内面で育っていることをいかに感じ取ることができるか、このことが重要になるのです。たとえば、ずっと電車で遊んでいる子どもがいるとします。そんなとき、スタッフは同じ遊びだけではなく、違う遊びを経験してほしい、遊びを広げたいと安易に考えがちです。しかし、いったんそんな思いを引っ込めて、子どもたちの動きや表情から子どもの思いを感じてみてください。子どもは同じ遊びをしているようでも、自ら考えたり試したり工夫しているかもしれません。その様子を表情や動きから感じ取ってください。スタッフがそんな子どもの思いを「感じる」ことが、子どもの遊びに寄り添い、子どもと共に遊びをつくっていく第一歩といえるのです。

また、親子の触れ合い遊びや絵本の読み聞かせに参加しない子どもがいるとします。保護者の立場からすると、参加しないのはどうしてだろう、参加してほしいと心配するかもしれません。しかし、スタッフとしてはこれも参加できないという否定的な視点でのみとらえるのではなく、「なぜ」、そして、「何が」、子どもの参加を難しくしているのか、ていねいに感じ取ることが大切です。このようなスタッフの姿勢が、まわりから認められているという子どもの安心感や信頼感につながり、結果的に今まで参加できなかった活動への興味や関心を生むきっかけになるとも考えられます。

一方で、「感じた」ことを他者に説明するのはなかなか難しいといえます。特に保護者にはどうしても「できる―できない」という視点のほうがわかりやすく伝わります。スタッフは、子どもの内面で育っていることを保護者に伝える力をもつことも大切になると考えられます。

③「つながる」

保育・子育て支援活動に参加することで、みなさんはたくさんの「出会い」を経験します。活動に参加する親子はもちろん、先生や学内の同級生や先輩・後輩などと新たな関係をつくれるかもしれません。また、地域の人たちと一緒に活動を企画、運営する場合も考えられます。そんなとき、どのような姿勢で臨めばよいでしょうか。まずは出会いを楽しむという姿勢で人に会うことを心がけましょう。保育・子育て支援活動に参加していると、親子の喜んでいる姿、笑顔に出会うことはもちろんのこと、多くの人から喜びや楽しさを

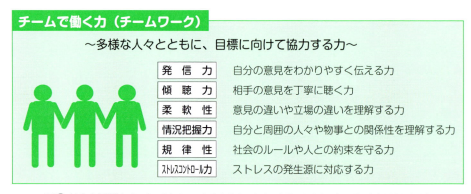

図② 社会人基礎力【平成18年2月、経済産業省における産学の有識者による委員会資料より作成】

もらえるはずです。また、相手のために一方的に尽くしていると感じられても、それが子どものため、親のためになるのなら、自分から積極的にかかわることが大切といえます。

スタッフ同士のつながり、チームで働くための姿勢としては、経済産業省が職場や地域社会で多様な人々と仕事をしていくために必要な基礎的な力（社会人基礎力）として示している先の図②の「チームで働く力（チームワーク）」が参考になります。人とつながる体験を多くすることで、これらの力が自然に身についていくと考えられます。

④「考える」

「なぜ、どうして」と自ら考え、問いを立てることが、自分自身でも、スタッフ同士の間でも大切になります。「考える」ことは、実際の親子を目の前にした活動中であっても、活動後の振り返りや活動前の準備といった場面であっても、場面を選ばず、常に大切な行為であるといえます。

しかし、実際に親子とかかわっているときは、目の前の出来事に対応することが精一杯で、考えて行動することは難しいかもしれません。そんなときでも、活動後の時間があるときなどに、あのときの子どもの行動はなぜ、どうして起こったのだろうかと振り返ってみることが大切です。日本の保育の黎明期を支えた倉橋惣三は、著書『育ての心』の中で、「子どもらが帰った後」という次の文章を記しています[1]。

> 「子どもが帰った後で、朝からのいろいろのことが思いかえされる。われながら、はっと顔の赤くなることもある。（中略）　大切なのは此の時である。此の反省を重ねている人だけが、真の保育者になれる。翌日は一歩進んだ保育者として、再び子どもの方へ入り込んでいけるから」

現代の保育・子育て支援の場でも、親子が帰った後、自分のはっとした思い、ワクワクした楽しさなどを思い浮かべながら、なぜ、どうしてと考えることが次の体験につながっていきます。「考える」ことは難しいことではなく、好奇心や探究心といった興味をもつ心から始まります。そして、次に記したように、考えたことをメモやエピソードで記録したり、声に出したりしてスタッフ間で共有することが大切になるのです。

⑤「共有する」

活動によって得た気づきや考えは、記録や話し合いによってスタッフ間で共有しましょう。ここでは、親子が「どこで」「何をしていたか」といった表面的なことだけでなく、そこから読み取れる子どもや親の思いや気持ちも含めたエピソードとして共有していくことが大切になります。このことが、次の活動で親子にとって何を改善し準備すればよいのか、知ることにつながります。

また、最近はドキュメンテーションという手法も注目されています。ドキュメンテーションとは、文字や図だけはなく、写真などを用いて子どもの活動プロセスを記録する方法です。イタリアのレッジョ・エミリアやスウェーデンなどで積極的に活用されており、遊び

1）倉橋惣三 著、津守 真・森上史朗 編『倉橋惣三文庫③「育ての心（上）」』フレーベル館、2008、p.49

や生活の中での子どもの育ちをスタッフ同士や、保育者と保護者とが共有するためのツールとしてその有効性が指摘されています[2]。さらに今後の日本の保育・教育においても、ドキュメンテーションやポートフォリオ（子ども一人ひとりの成長の記録をまとめたもの）といったツールを使い、保育者と家庭が一体となって子どもの育ちを共有することが目指されています。時代が求める保育の可視化に対応するためにも、保育・子育て支援活動に参加するなかで、みなさんには文字だけの記録ではなく、写真や映像などの記録も使って、子どもの育ちを積極的に保護者と共有する取り組みを行ってほしいと思います。

2 活動における学生の配慮事項

学生という立場であっても、保育・子育て支援活動の場では、保育を担うスタッフの一員という役割を果たしています。そのため、先の第2章でも取り上げた全国保育士会倫理綱領の考えを踏まえて活動に参加しなければなりません。それでは具体的にどのような配慮が考えられるでしょうか。以下、見ていきましょう。

(1) 個人情報の取り扱い

①活動内容の守秘義務

プライバシーの保護として、保育を通して知り得た個人情報の秘密を守ることが求められます。学生が何気なく学内の食堂や学外の喫茶店など人が集まる場所で、「○○ちゃんはずっと○○で遊んでいる」「○○君は絵本やリトミックのときに参加しない」など子どもの行動や特徴について話したり、「○○ちゃんのお母さんと○○君のお母さん仲が良い（悪い）」といった人間関係について話したことが、保護者に伝わり大きな問題になることがあります。また、ブログやツイッターなどインターネットに書き込んだ内容から個人情報が明らかになり、親子に多大な迷惑をかけることがあります。このことを自覚し、活動に参加する一人ひとりが守秘義務を守ることに気をつける必要があります。

②USBメモリーなどの記憶媒体、親子の個人ファイルなど記録資料の管理

学内で行う保育・子育て支援活動では、自分たちが個人情報を管理し、その情報に触れやすい環境にある場合もあります。個人情報や画像・映像などを記録したUSBメモリーなどの記録媒体（電子媒体）を紛失することがないように、むやみにコピーせず、必要時以外は持ち出さないように保管に気をつける必要があります。また、紙媒体の個人情報が記されたファイルなども鍵のかかるロッカーなどに保管し、教員が管理者になるなどして管理を徹底することが求められます。

---

2) 保育におけるドキュメンテーションの実践内容のわかる文献として、「請川滋大・高橋健介・相馬靖明（2016）『保育におけるドキュメンテーションの活用』ななみ書房」がある。

(2) 活動における自分の役割を考える

　親子とのかかわりでは、状況に応じて柔軟に対応する必要があることも確かですが、参加する学生が最初から臨機応変に動くことは難しいでしょう。まずは自分が活動においてどのような役割を果たすことができるのか考えましょう。自分の役割が明確になることで、安心して活動に参加できると思います。たとえば、観察する役割、案内する役割、写真を撮る役割、子どもの前で絵本や手遊びをする役割など、事前に取

写真① 役割を考える

るべき役割を話し合っておくことが大切になります。柔軟な対応をするための第一歩として、いろいろな役割を体験してみましょう。

　また、役割を意識することは、自分にできること、できないことを意識することにもつながります。一般的には、保護者の子育て相談に応じることや情報を伝えることは学生には難しいことと考えられます。無理をせずに自分の身の丈にあったかかわりをすることが求められるでしょう。また、保護者と仲良くなりたい気持ちから、個人的に連絡を取り合いたいと思うかもしれません。しかし、学生という立場を考えると、活動の場以外でかかわることは時間的にも内容的にも難しくなると考えられ、個人的な連絡先の電話番号やメールアドレスやソーシャルメディアのアドレスなどの交換は控えましょう。

3　学生の学びについて

　保育・子育て支援活動における学びの目標と内容は、以下のように整理することができます。ここに示しているように、保育・子育て支援活動に参加する者は、親子が参加する場に身を置き、直接、親子や保育者とかかわるなかで、多くのことを経験します。親子が集う場の機能、子どもの発達、保護者の気持ちやニーズ、スタッフ間の連携など、これまで学校の授業で学んできたことを実際の活動の中で体験することになります。すなわち、授業等で習得した知識や技術を基礎とし、理論と実践とを統合した体験の中で、親子にかかわる総合的な実践力を養うことが目標となります。さらに、支援活動に参加して学ぶことは、自分自身についても学ぶ機会となります。保育者という仕事の魅力や望ましい保育者の姿について考えることや、自分自身の子ども観や親子への思い、また、自分の強みや弱み、課題に気づくことができると考えられます。そのことが、今後の自らの姿勢や進路のことなどを考える機会になると考えられます。

第一部 基礎編

第２章 演習編

第３章 実践事例編

【到達目標】
1. 保育・子育て支援の役割や機能について理解する。
2. 観察や親子とのかかわりを通して親子への理解を深める。
3. 保育・子育て支援活動の計画を作成し、活動の内容や方法、環境構成や観察・記録等について学ぶ。
4. 子どもや保護者のニーズに応じた多様な支援の展開を学ぶ。
5. 保育者（スタッフ）の役割や倫理について具体的に学ぶ。

【学習内容】
1. 保育・子育て支援の役割や機能
   （1）現代の親子を取り巻く社会的状況等の理解
   （2）保護者・家庭および地域と連携した子育て支援活動の必要性とその展開
   （3）養成校の特性や専門性を生かした活動
2. 観察に基づく親子の理解
   （1）親子のかかわりや関係性の理解
   （2）子どもの発達や保護者の特性の理解
   （3）親子の生活や遊びの理解
   （4）親子と環境とのかかわり
3. 活動の計画の作成・展開・評価
   （1）活動計画の作成と作成上の留意事項
   （2）個々の発達を促す生活と遊びの環境づくり
   （3）計画、実践、省察・評価、改善の一連の循環
4. 親子のニーズに応じた多様な支援
   （1）親子の特性やニーズとそれに応じた遊具や素材等を用いた遊びや活動の展開
   （2）保護者・家庭との双方向的なやりとり（おたよりやドキュメンテーションなど）
   （3）親子の健康、安全を配慮した環境づくり
   （4）親子のニーズに応じた地域の資源の活用や関係機関との連携・協力
5. 保育者（スタッフ）の役割や倫理
   （1）学生間の協働および学生と教員（職員）協働といったチームによる活動の展開・省察
   （2）保護者との子どもの成長の喜びの共有、信頼関係を形成するかかわり
   （3）保育者（スタッフ）の職業倫理
   （4）自己の課題の明確化

表① 保育・子育て支援活動における学びの目標と内容【筆者作成】

第二部
演習編

第4章 子どもを理解しよう

1 子どもの理解の意味

親子で子育て支援の場に参加している子どもたちの多くは、4月の時点で、幼稚園・保育所・幼保連携型認定こども園（以降、共通して「園」とする）就学前の0歳から3歳までの乳幼児です。この時期の子どもたちは言語が未発達であり、自分の思いを言葉だけで伝えることはまだできません。そのため、子どもの表情、しぐさ、動きをよく観察し、その思いや心情を汲み取ることが重要です。また、そのためにはそばにいる保護者からその子どもの行動を解釈するための情報を聞き取ることが必要です。

このとき、子どもの発達を理解した上で、その表情、しぐさ、動きを観察し、それらの行動の意味を解釈しなければなりません。ここでは、乳幼児期の一般的な発達の特徴をおさえた上で、子ども一人ひとりの発達の個人差や、それに伴う子どもの発達にふさわしい遊び環境について見ていきます。

写真① さまざまな年齢の子ども

(1) 乳幼児期の発達の特徴

①乳児期（誕生から2歳ごろ）

誕生から2歳ごろまでを乳児期といいますが、この時期は生後6か月ごろまでに養育者への愛着が形成され、乳児期の終わりまでに人間関係の土台となる基本的信頼感が獲得されます。ここでは、この時期に見られる主な発達的特徴を解説します。

人見知り

人見知りとは、養育者とそれ以外との区別ができ、養育者以外の人やものに対して不安や恐れを抱き逃れようとする行動のことをいいます。人見知りの程度は子どもによって個人差があり、見知らぬ人に抱っこされると大声で泣く子どももいれば、少し不安そうな表情をするだけの子どももいます。

46

	安全基地と分離不安 　分離不安とは、養育者が乳児から離れようとすると泣いたり叫んだり、養育者にしがみついたりするなど分離抵抗を示すことです。養育者がそばにいてくれるという安心感があると、養育者を安全基地として少しずつ探索行動をすることもできるようになります。
	**感覚運動期** 　ピアジェの発達段階説によると、誕生から２歳までは「感覚運動期」と呼ばれる時期です。この時期は見る、触る、聞く、味わう、嗅ぐなどの感覚を通して、直接の外界に働きかけて環境を理解していきます。
	**はいはい** 　発達には相対的な順序性がありますが、その順序は絶対的なものではありません。生後10か月になると、「はいはい」ができるようになるといわれていますが、実は「はいはい」をしないでつかまり立ちをする乳児がいることがわかっています。
	**喃語から初語（一語文）、二語文へ** 　生後６か月ごろから、子音と母音の連続した音の繰り返しである喃語が出てきますが、１歳前後あたりから初めて意味のある言葉である初語を発するようになります。初語を話し始める前の時期も大人の言葉は理解できるようになってきます。一緒に遊ぶ際に子どもに話かけると言葉と行為がつながり、次第に語彙の獲得を促します。初語の出現後は、一つの単語で文を意味する一語文を話すようになり、２歳前後で二語文が現れます。

　このように、生後２年間は感覚運動期にあたり、さまざまな外界の刺激を感覚受容器から自分の中に取り込んで吸収していく時期です。子どもたちが感覚遊びを楽しめるような環境を用意し、応答的にかかわるようにしましょう。また、この時期の子どもに対して、先回りしてすぐに欲しがるものを手渡すのではなく、少し離れたところに置いて子ども自身が探索するような環境をつくることも大事です。

②**幼児期（２歳〜就園前）**

　２歳から園就学前の幼児期の子どもたちは、養育者が見守るなかで、少し離れて一人遊びから集団遊びまでさまざまな遊びを通して自己表現することができる時期です。ここでは、幼児期の主な発達的特徴を見ていきます。

	**見立て遊び** 　１歳半ごろあたりから獲得される周囲の事物を心の中にイメージする能力（象徴機能）の発達に伴って、盛んに周囲の事物を別のものに置き換える見立て遊びが見られるようになります。たとえば、葉っぱをお皿に見立てるなどの遊びです。
	**自我の発達** 　１歳ごろまでに自他の区別ができるようになり獲得された自我が育ち、その後、何でも自分ですると強く自己主張するようになる第一反抗期を迎えます。また、自分と他者の所有物の区別が可能になり、所有意識が出てきます。この時期、おもちゃの取り合いもよく見られます。

	**嫉妬の芽生え** 　1歳半ごろから嫉妬の感情が出現するようになりますが、その後、特に下のきょうだいができると母親の愛情の独占がうまくいかずに、下のきょうだいに向けて嫉妬の気持ちが高まります。ときには、赤ちゃん返り（退行）が見られることもあります。
	**自己中心性** 　幼児期は、自分の視点を中心に物事を考えるため、まだ他者の立場から見え方や考え方を推測することができません。一つのおもちゃを二人の子どもが取り合っている場合、自分の気持ちが優先され、相手の立場に立って考えることが難しい時期なのです。しかし、このような経験を繰り返しながら、5〜6歳ごろまでには、脱中心化、すなわち他者の視点に立って考えることができるようになります。
	仲間への興味 　2歳ごろの幼児は、一人遊びや親子での遊びのほかに、平行遊び[1)]も見られるようになっています。平行遊びは、一人遊びをしているように見えますが注意深く観察してみると、実際は、仲間の遊びに興味をもっていて、お互いに遊びに影響を与え合っています。

　2歳以降は自我の確立とともに、自分のしたい遊びが明確になり、玩具の取り合いなども見られる時期です。他者とのいざこざはネガティブ行動と受け取られがちですが、子どもが対人関係を学ぶ貴重な機会であり、安全面を重視しながらていねいに見守りましょう。

(2) 発達の個人差を理解する

　上述した年齢ごとの発達の特徴は一般的な目安ですが、実際にはさまざまな個人差があります。たとえば、初語の出現は1歳ごろを目安にしていますが、それよりも早い子どももいれば遅い子どももいます。子どもの発達が遅い場合、保護者はとても不安になります。子育て支援の場でも保育の専門家である保育者に対して、さまざまな発達の相談が寄せられることがあります。その場合、発達には個人差があることや保育者も保護者と共に子どもの成長を見守っていくことを伝えます。子どもの発達が遅れているという保護者の焦りは、不安やストレスにつながり、健全な子育てに悪影響をもたらす恐れもあります。養育者の不安感を軽減することも子育て支援の一環です。なお、著し

写真② 年齢による発達差（8か月／1歳2か月）

い発達の遅れなど見受けられる場合には、自分で判断するのでなく、専門家に相談したり専門機関についての情報を伝えたりすることもあります。

　他方、ネガティブな情動表出の程度についても子どもによってかなり個人差があります。たとえば、人見知りについては、最初は嫌がりつつも新しい環境にすぐ適応して、初めての

---

1) 平行遊び：同じ場所にいて同じ遊びを行っていても、直接かかわりをもたずに遊んでいる様子のこと。

人に対してもすぐに慣れて抱っこされるのを喜ぶ子どももいれば、保護者以外に抱っこされると大声で泣き出して体全体で拒否反応を示す子どももいます。この場合、保護者は大変なストレスを感じます。反対に、人見知りがまったくなくて誰にでも平気で抱っこされるような子どもであれば、保護者は楽に感じるかもしれません。しかし、このとき喜びも悲しみも表出しない子どもは愛着が形成されていないか自閉的傾向の疑いがあります。このように、人見知りは、親子の愛情の絆である愛着が形成された証でもあります。たしかに子どものネガティブな感情表出である泣きは、保護者にとってつらいものですが、人見知りが重要な愛着の証であるという意味合いを知ることにより、保護者は違った視点から子どもの発達を見ることができ少し気持ちが楽になります。スタッフは、保護者に保育に関する専門的な知識を伝えられるよう常に学んでいきましょう。

(3) 子どもの発達と遊び環境

①人的な遊び環境

i. 傍観的行動

周囲の子どもたちの遊びを見ているけれども、遊びの中には入っていかない状態です。どんな遊びがあるのか、どんな遊び方があるのかを模索している段階です。新しい環境に入ったばかりの子どもにはよく見られる行動です。保育者が遊び方を見せてあげるなどすることで、徐々に一人遊びに移行していきます。

ii. 一人遊び

ほかの子どもがしている遊びには興味をもたず、影響もされないで、自分の遊びを遂行している状態です。子どもが一人でその遊びに没頭して夢中になっているときは、その遊びが中断しないように近くで見守りましょう。もし遊びへの興味をなくしたり遊び方がわからず困っていたりするような場合は、スタッフの方から積極的に働きかけてみましょう。

写真③ 一人遊びに夢中になる子ども

iii. 平行遊び

ほかの子どもがそばにいて同じような遊びをしていますが、直接的な交流せずに一人で遊んでいる状態です。しかし、よく見るとお互いの遊びに興味があり、各自遊びの内容に影響を与え合っています。このような場合、スタッフは子ども一人ひとりの遊びを大切にしながら、お互いの子どものコミュニケーションを仲介する役割を担うとよいでしょう。たとえば、「Aちゃんはお料理しているのかな。Bちゃんはお団子をつくっているのかな。どちらも美味しそう」と発言することで、お互いの遊び

写真④ 平行遊び

に興味をもつきっかけをつくっていきましょう。

iv. 連合遊び

共通の活動に関する会話や遊具の貸し借りなどほかの子どもとの相互作用はあるものの、遊びの目的を共有してはいない状態です。子育て支援の場ではよく見られる遊びの光景です。特に3歳以降の子どもたちによく見られます。

写真⑤ 遊びを共有しないままごと（連合遊び）

v. 協同遊び

ごっこ遊びなど遊びの目的が共有され、集団のメンバー間で分業による役割分担があるような遊びです。子育て支援の場では、3歳半以降の子どもたちによく見られるようになります。なお、普段から子育て支援の場以外でも一緒に遊んでいる子どもたちの場合には、3歳くらいから協同遊びが見られます。普段からの共通した遊びの経験の積み重ねがあり、意思の疎通が図りやすいからだと思われます。ス

写真⑥ 遊びを共有しているままごと（協同遊び）

タッフは、子どもたちの遊びの中に入り、遊びの目的を共有し、子どもたち独自の遊びを大切にしながら、状況に応じて遊びを展開するような働きかけをしてみましょう。

②物的な遊び環境

i. 感覚遊び（シールコーナー、小麦粉粘土）

シールを貼ったりはがしたり、小麦粉粘土をこねたりなど、指先を使った遊びは、2歳ごろの子どもたちが特に興味をもつ遊びです。手のひらや指先の触覚を通して、さまざまな外界の環境を理解します。貼ったり、はがしたりのシール遊びから洋服に貼ってごっこ遊びに発展したり、小麦粉粘土をごっこ遊びに用いたりとさまざまな展開が見られます。

写真⑦ 小麦粉粘土遊び

ii. 見立て遊び（ままごとコーナーや水族館遊びなど）

ままごとコーナーでは、卵マラカスをゆで卵に見立てて鍋に入れてゆでる遊びや、野菜を包丁で切ってお皿に並べ冷蔵庫に入れる遊びなどが見られます。さらに、お弁当箱に調理したものを詰めて、バッグに入れてピクニックに行くなど、少し複雑なストーリーのある遊びにまで展開していることもあります。これは、ままごとコーナーにお弁当箱やバッグという物的な環境があることによって遊びが展開された

写真⑧ 水族館に見立てた遊び

例で、このように、子どもたちの遊びを広げる可能性のある物的な遊び環境が重要なのです。

iii. やりとりのある遊び（シアター台、風船の森、ジュースごっこ）

一人遊びや平行遊びを十分に経験した子どもたちは、やりとりのある連合遊びや協同遊びをするようになります。シアター台を使ったお店屋さんごっこでは、お店の客と店員さんでのやりとり、風船の森では、風船を打ち合ったりかけっこしたりなどのやりとりが見られます。ジュースごっこではジュースをつくる人と飲む人というやりとりが生まれます。

写真⑨ 喫茶店の店員とお客さん

iv. 身体遊び（すべり台・マットのお山）

普段平面の場所で生活することが多い子どもたちにとって、高低差のあるすべり台やマットのお山は身体を思い切り使った遊びができる物的な環境です。すべり台は上から下に滑るというのが一般的なルールですが、坂道上りを楽しむ子どももいます。安全面への配慮をしつつ、子どもたちの主体的な活動が許容される物的環境が必要です。

写真⑩ 全身ですべり台を楽しむ子ども

2　子どもの理解の方法

子どもの行動を理解するにはさまざまな方法がありますが、ここでは子育て支援の場でよく用いられる「観察法」と「面接法」を紹介します。ここで紹介したものすべてが子育て支援のフィールドの中で使われるわけではありませんが、自分自身が用いている方法が全体の中でどのような位置づけにあり、ほかの方法と比較してどのような特徴があるのかを理解した上で用いることが大事です。

(1) 観察法

次に取り上げる観察法とは、人の行動を自然場面や実験場面において、観察、記録、分析し、人の行動の質的特徴や量的特徴を明らかにする方法のことです。

①観察事態	自然観察法		実験的観察法	実験法
	偶然的観察法	組織的観察法		
②観察形態	参加観察法		非参加観察法	
	交流的観察	非交流的観察	直接観察	間接観察
③観察手法	日誌法	エピソード記録法	事象見本法	場面見本法	時間見本法	評定尺度法

表① 観察の事態と形態（中澤、1997 を改変）

中澤(1997)によると、表①に示したように、観察法の種類は①「観察事態」、②「観察形態」、③「観察手法」の観点から分類することができます。次に、それぞれの観点から、観察法を紹介しますが、子育て支援の場でよく使われるものについて特に詳しく述べていきます。

①観察事態

　観察事態は、大別すると「自然観察法」「実験的観察法」「実験法」があります。

i. 自然観察法

　自然観察法には、自然な事態の中でありのままの行動を観察する方法です。子育て支援の場では、この観察法を多く使うのではないでしょうか。これはさらに、「偶然的観察法」と「組織的観察法」に分けることができます。「偶然的観察法」は、偶然に観察したことを記録していく方法ですので、毎回の参加者が異なる子育て支援の場などでは、参加した子どもたちの様子を全体的に観察する際によく用いられます。それに対して、「組織的観察法」は、子どもたちの仲間関係のやりとりを中心に見るというように、ある目標を決めて観察することをいいます。登録制の子育て支援の場のように毎回の参加者が固定されている場合、それぞれの子どもたちの社会性の発達的側面に着目して観察する際によく用いられる観察法です。

ii. 実験的観察法

写真⑪ ペイントコーナー

　観察したい対象の行動が生じるような環境を設定して、そのなかで生じる対象の行動を活動時間内にできるだけ多く観察できるようにすることを目的とした方法です。子育て支援の場において、観察者側である保育者が参加者である子どもの発達状況や遊びの嗜好性を考えて環境設定をしている場合などはこの実験的観察法といえます。たとえば、写真⑪のペイントコーナーは、子どもたちが興味をもてるようにローラーや野菜スタンプ、数字スタンプなどを設置しておいて、それらにどのように興味を示して遊びを発展させていくのかを観察する目的で設定したものです。写真⑫の新聞紙の迷路は、3歳ごろの子どもたちが少しずつ他者に興味をもってきている発達状況にあることから、新聞紙の迷路を媒介とした仲間関係

写真⑫ 新聞紙の迷路

写真⑬ シアター台

の発生を観察する目的で設定したものです。写真⑬のシアター台は、ままごとコーナーで野菜や小麦粉粘土を切って調理する遊びが見られるようになったので、シアター台を使ってお店屋さんごっこのような他者とのやりとりが観察されるのではないかと設定したものです。

iii. 実験法

実験的観察法には、前述したような保育場面での観察も含まれますが、実験法というのはまさに実験室内における実験をさします。実験法は実験的観察法に含まれることもありますが、日常生活とは切り離した場面の中で条件を統制し、特定の刺激に対する反応を調べる研究手法のことです。そのため、子育て支援の場では実験法を用いることはほとんどありませんが、卒業研究の一環として用いることがあるかもしれません。

②観察形態

観察者と被観察者との関係の観点から、観察法を「参加観察法」と「非参加観察法」に分類することができます。子育て支援の場では、どちらの観察手法もとることがあります。

i. 参加観察法

観察者が被観察者にその存在を認識されながら観察する方法のことです。子育て支援の場では、保育者がスタッフとしての役割をもって活動に参加しながら観察をする場合がこれにあたります。参加者である親子がスタッフの存在に慣れてくると、見られているという意識をすることや行動が制限されることも少なくなります。参加観察法には、観察者が被観察者にかかわり経験を共にしながら観察する「交流的観察」と観察者から被観察者への働きかけをあまりせずに観察する「非交流的観察」があります。子育て支援の場では、子どもたちの発達的特徴に応じて観察法を使い分けます。たとえば、親から離れて遊んでいる子どもに対しては、スタッフとしてかかわりながら観察する場合や、親子で遊んでいる場合には、そのやりとりを傍らから観察するという場合です。それぞれの状況に応じた相応しい観察を行いましょう。

ii. 非参加観察法

マジックミラーやビデオ機器を用いて、被観察者に観察されていることを気付かれないようにして、ありのままの自然な行動を観察する方法です。これらは、マジックミラー等による直接観察とビデオ録画したものを後で視聴する間接観察とに分けることができます。子育て支援の場において、直接観察では、たとえばマジックミラーが設置され、スタッフではない見学者や研究者がミラー越しに観察するケースがあります。また、間接観察としては、スタッフが参加者の許可を得てビデオ機器等で活動を録画し、活動終了後に振り返りをする際に映像データを観察するケースなどがあります。

③観察手法

i. 日誌法

被観察者の行動の記録を日誌型に記述したものです。保育日誌などがその代表例として

挙げられますが、子どもの毎日の行動を記述することによって、その行動や人格特性についての発達的な変化を縦断的に理解しやすいという特徴があります。

ii. エピソード記録法

エピソード記録法は、偶然起きてきたさまざまな出来事を、人物の発話を含めて行動全体を豊かに記録する方法です（中澤、1997）。人々の生活をそこで暮らす人々の視点から研究する文化人類学におけるエスノグラフィ研究（人々が生きる日常世界を人々に経験されたように記録する手法）やフィールドノーツ（フィールドで観察したメモを手掛かりにデータを補足した記録）はこの記録法に含まれます。「参加観察法」の交流的観察の場合には、非観察者の前で記録メモを取るというのは、観察されていることを意識させてしまう恐れがあるため好ましくありません。少し離れた所で観察し、活動が終わってから忘れないうちに記録

図① エピソード記録例（p.58掲載）

をまとめるようにしましょう。図①には、エピソード記録法の記述例を示しています。観察した日付や参加人数、目標、エピソード、考察、今後の課題などを書き留めておくと観察データとして利用しやすくなります（p.58参照）。

iii. 事象見本法

ケンカやいざこざ、子どもの泣き、仲間入りなど特定の行動に焦点を当てて、その事象がどのように生起し、どのようなプロセスをたどって終結したのかなどを文脈の中で観察する方法のことです。たとえば、子どもが保育室に入室してから遊び始めるまでの視線や表情に焦点を当てて、どのように変化したのかを観察することなどが挙げられます。

iv. 場面見本法

食事場面、砂遊びの場面、ままごとコーナーなど特定の場面で起きた行為を観察する方法です。事象見本法と同じように、その場面で起きた行為がどのように展開したのかを記録していきます。

たとえば、ままごとコーナーにおいて、3歳以上の子どもでは、野菜をまな板の上で切って、お鍋に入れて、コンロの上に置くなどのお料理のごっこ遊びが見られますが、2歳ごろの子どもたちは、野菜や小麦粘土を切る感触を楽しんだり、トングを使って物を移動させることを楽しんだりする様子が観察されたりします。このように、同じ場面の中で年齢によってどのような遊び方の違いがあるのかを観察する際に用いられます。

v. 時間見本法

時間見本法とは、観察対象者の行動を観察者があらかじめ決めた観察単位ごとに区切って、行動の生起を記録する方法です。量的データを分析するため、参加観察法を実施している際には用いることができませんが、活動後にビデオ撮影した映像データを用いて量的に分析することなどが挙げられます。子どもたちがどのコーナーで長く遊んでいたのか、他

者との相互作用の回数は毎回変化しているのかどうかを量的に比較することができます。

vi. 評定尺度法

観察対象者の行動の程度や印象を、形容詞や行動特徴に対する連続的な尺度を用いて数値で評定する方法です。形容詞を用いた尺度としては、子どもの遊びへの夢中度の程度を、「まったくそうでない-1」「あまりそうでない-2」「ややそうだ-3」「まったくそうだ-4」を数値で評定します。この手法も、参加観察法の最中には使うことができませんので、活動後にビデオ撮影した映像データを用いて分析します。子どもにとって適した遊び環境だったのかを振り返る際に活用できます。

砂遊びの観察　観察日時：〇月〇日〇曜　時間： ： ～ ： 　観察対象者（　　　）

	まったくそうだ	ややそうだ	あまりそうでない	まったくそうでない
1. 夢中になって遊んでいる				
2. 真剣に遊んでいる				
3. 活動的に遊んでいる				
4. 道具を使って遊んでいる				
5. 仲間と一緒に遊んでいる				

図② 評定尺度法による記録用紙の例

(2) 面接法

面接法には「調査面接」と「相談面接」があります。後者は診断面接や治療面接などカウンセリングの場面で用いられる手法ですので、ここでは、「調査面接」について解説します。

「調査面接」には、「構造化面接」「半構造化面接」「非構造化面接」の3種類があります。面接法は、観察法と違って、言語を媒介とするため、大人である保護者や言語でのやりとりができる幼児にしか用いることができませんが、観察された行動の意図を確認したり、解釈のための情報を得るためには面接法を用います。

①構造化面接

「構造化面接」とは、ほとんど全部の質問項目の内容と順序をインタビュー・スケジュールの中であらかじめ決めておく方法です。調査対象者の回答を量的データとして統計的に処理しやすいというメリットがあります。たとえば、子育て支援の活動の際に、10分から15分程度保護者に集まっていただき親の会を開催し、家庭でのお子さんの様子や子育て支援の活動についての感想を質問するなどが含まれます。

②半構造化面接

「半構造的面接法」とは、必要に応じて、質問の順序を変えたり、自由に質問項目の内容を変えたり増やしたりする方法です。「構造化面接」と「非構造化面接」の中間に位置する手法です。たとえば、子育て支援の活動の際に親の会など決まった時間が取れない場合、個別に保護者に対してあらかじめ決められた質問をし、相手の回答に応じて柔軟に質問内容を付け加えることができるので内容を詳しく尋ねることができます。

③ 非構造化面接

「非構造化面接」とは調査対象者の話の流れに沿って、面接者が尋ねたいと考えていた面接目的と内容が得られるような面接を行う方法です。実際の子育て支援の場では、子どもを観察しながら、保護者に対して、不明な点の質問をしたり、日常会話をしたりといったインフォーマルな聞き取りもあります。佐藤（2002）は、従来の心理学における調査面接には含まれないこれらの技法を「インフォーマル・インタビュー」という分類に含めています。たとえば、子どもが小麦粉粘土をおもちゃの包丁で切って鍋に入れる遊びをしているのを見たときに、タイミングを見計らって、親御さんに「おうちでもお料理を手伝ったりしているのですか？」と質問したら、「私がお料理するのをいつも見ているんですよ」と教えてもらえるかもしれません。そうすると、子育て支援の場だけではわからない家庭での親子関係を知ることができます。

(3) 保育の中での子ども理解

保育において子どもを理解する際に大切なことは、家庭と保育室で見せている子どもの姿には違いがあることや、物的環境、仲間の遊び、親の心理的状況に子どもは影響を受けやすいということを常に忘れないでいることです。また、子どもには遊びに好みがあります。同じ年齢の子どもでも、子どもによって経験の差がありますし、その日の気分には変動があったりもします。

次に、直前のできごとが子どもに与える心理面への影響について、具体的エピソードを挙げながら、実際の子育て支援の場における子ども理解について考えてみましょう。

 エピソード 1　お母さんとの初めての自転車が楽しかったT君（3歳）

いつも子育て広場の活動を楽しみにしていて、保育室に入室したらすぐに元気に遊び始めるT君（3歳）なのですが、今日は入室してからずっと大声で泣いています。スタッフが遊びに誘っても泣き止みません。お母さんに事情を尋ねてみると、いつもはベビーカーで移動するのに、今日は初めて自転車にT君を乗せて広場まで移動したとのこと。もっと自転車に乗りたいと言っているT君を無理やり自転車から降ろして広場にやってきたものの、T君は自転車に乗りたいという状態から保育室での遊びに気持ちを切り替えることは難しいようでずっと泣き続けています。

T君は初めて母親と自転車に乗ったのがうれしかったようですね。3歳になったばかりのT君にとっては、次の活動に気持ちをすぐに切り替えるのは難しい年齢です。母親も泣き続けるT君を落ち着かせることに焦ってしまっています。子どもが大声で泣いていると母親も周囲の目を気にしてストレスに感じてしまうことがあります。そこで、スタッフは母親に事情を聞いた後、T君が納得するまで自転車に乗ってから、ゆっくり活動に参加なさってもいいですよと伝えました。このような場合、親としては集団の活動に早く適応させなければと躍起になってしまいがちですが、子どもが母親と一緒に過ごしたいと思う気持ちも大切にしていきましょう。

　続いては、母親の仕事再開による生活環境の変化について、具体的エピソードを挙げながら見てみましょう。

急にお母さんから離れなくなったEちゃん（3歳7か月）

　Eちゃんは子育て支援の場に2歳のころから母親と一緒に参加していて、保育室の環境にもスタッフにも慣れてのびのびと遊ぶ姿が見られます。でも、最近、母親がほかの保護者たちとお話ししていると、Eちゃんは遊びを中断して母親のところに来て甘えたり、お母さんと一緒でないと遊ばなくなったりする日も出てきました。スタッフは、あんなに元気に遊んでいたEちゃんが母親に甘えることが多くなってどうしたのかなと気になっています。

　母親に家庭での様子を尋ねたところ、Eちゃんが大きくなってきたので、少しずつ仕事を再開して、仕事の日は保育園の一時保育を利用しているとのこと。一時保育では母親と離れても落ち着いて一日を過ごすことができているということでしたが、その分、母親と一緒に過ごせる子育て支援の場では甘えたい気持ちが大きくなってしまったのでしょう。一時保育では一生懸命Eちゃんなりに新しい環境に適応するためにがんばっていると思われます。母親にはそういうEちゃんの心理的な状況を伝え、しばらくは子育て支援の場では母親とEちゃんが一緒に遊べるように、スタッフがサポートするよう心がけました。すると、母親と一緒に遊ぶことに満足したら、今度はほかのお友達とのびのびと遊ぶ姿も見られるようになりました。

演習① 子どもを理解しよう
～エピソード記録から読み取る～

★次の記録は、ある子育て支援の場における活動のエピソード記録です。まずは記録の内容を確認し、続く設問について考えてみましょう。

【エピソード記録法の記述例】

エピソード記録用紙　　　　　　　　　　　　　　　　　　　観察者名　（　○○　○○　）

観察日	天候	場所	参加人数
平成××年4月×日　午前10時～11時30分	曇り	保育室	子ども10名　保護者10名　学生スタッフ10名　教員1名
自己の目標	\multicolumn{3}{l}{・ペイントに自分から積極的に誘いかけて、一緒に楽しむ。 ・担当をつけていない子どもが一人になってしまわないように、まわりをよく見て行動する。}
活動の内容	\multicolumn{3}{l}{小麦粉粘土を使ったままごと遊び}

エピソード

A君（3歳）は、母親の隣で小麦粉粘土で遊んだ。卵マラカスのまわりをすべて粘土で覆って、でき上がったものを見てとても喜んでいた。また、私が型抜きをしてみせると、A君もやりだした。様々な型があるなか、①ピンクのハートの型しか使うことはなかった。最初は使い方がわからず、型の穴にたくさん粘土を詰め込んでいた。「手で粘土をぐっと伸ばすのだよ」と私が話したところ、それを見て母親が「クッキー作りみたいに伸ばすのよ」と声をかけていた。母親は、A君はよく、台所に立って料理の手伝いをしたがると言っていた。
ペイントでは、最初は手をつけたがらなかったが、手本を見せてから道具を渡してみると、遊び始めた。最後には、②手に絵の具をつけて、壁にペッタンしたいと自ら話してくれた。お面には顔ではなく模様を描いていた。母親が、A君の好きな色はピンクだと言っていた。

考察

今回は、母親のそばに居たがる姿はあったが、③妹と母親の膝を取り合う姿はなく、母親が近くに居れば大丈夫というようであった。前回との差を考えると、A君のその日の気分によって、甘えの気持ちが強く出たり、そうでないことがあったりするのだと感じた。A君の気持ちを見極めて、甘えの気持ちが強いときには、本人と妹と母親の3人で遊べるおもちゃを提示するなどし、今回のように外に気持ちが向きやすいときには、スタッフが積極的に様々な遊びを提案して、A君の視野を広げるといいのではないかと思った。また、型抜きをとても楽しんでいたので、今後も継続して出してみるといいと思った。

活動を振り返ってのまとめ・考察、今後生かしていきたいこと

目標にもあるように、積極的にペイントに誘ってみた。最初は汚れることやあまり経験のないことに不安な様子を見せていた子どももいたが、私が実際に遊んで見せてから、もう一度誘ったり道具を渡したりしてみると一緒にやり始めてくれた。このことから、子どもが不安に思っていることでも、大人が楽しんでいる姿を見せることで、大丈夫なのだと思え、やってみたいという気持ちの変化をもたらすことができるのだと感じた。スタッフ自身が遊びを楽しむという姿勢が大切なのだと改めて感じた。また、ペイントが苦手な子どももいて、後期はもっとペイントをメインにしていくということなので、苦手な子どもも遊びやすい環境をつくることが必要なのではないかと思った。足が汚れることを嫌がっていた子もいたようなので、今回のようなペイントコーナーのほかに、椅子に座って机の上でペイントができるコーナーも用意することで、苦手な子どももお絵描きコーナーの感覚で楽しめたり、そこから全身のペイントに興味がもてたりするようになるかもしれないと思った。野菜スタンプの断面の切り方などの改善点も見つかったので、道具の工夫、改善をして、次のペイントも子どもたちが伸び伸びと表現することを楽しめるような場にしたい。

★教員からのアドバイス

　A君は2歳のころから母親や生まれたばかりの妹と一緒に子育て支援の場に参加するようになりもう一年が経ちます。今までは母親や妹と離れてどんどん自分の遊びに没頭していたA君だったのですが、最近になって妹が1歳になり母親へ愛着行動を示すようになってくると、A君は母親から離れようとしなくなりました。今までも妹は母親に抱っこされていることも多かったのですが、そのときは妹のことを気にしなかったのです。なぜ最近になってA君は母親から離れられなくなってしまったのでしょうか。
　A君の妹が8か月未満の赤ちゃんの時には、まだ明確な愛着が形成されておらず、母親へのしがみつきや後追いも見られませんでした。でも、1歳を過ぎて母親の注目を獲得するような発声や行動をすることができるようになり、母親とのコミュニケーションが増えてきたのでしょう。A君は急に母親を奪われると感じたのかもしれません。スタッフはA君と妹と母親が一緒に遊べるような遊び環境を設定し見守りながらかかわるようにするとよいでしょう。

①　上の表のエピソード記録法の記述例にある下線①～③のA君（3歳）の気持ちを考えてみましょう。

②　①を踏まえて、次の活動の際にどのような計画を立てたらよいか考えてみましょう。

第5章 保護者を理解しよう

1 保護者とは？

　現在、保育していく上で、最も困難なのが保護者理解といえるでしょう。一人ひとり、子どもが異なるように、保護者も一人ひとり、異なっています。幼稚園、保育所、認定こども園などで毎日、顔を合わせる子どもの保護者の理解が、今ほど重要である時代はないと考えられます。

　保護者とは、児童福祉法や学校教育法などの法律によって、さまざまに規定されていますが、今、ここでは、子どもを育てている父親や母親など、日常、子どもの世話をする大人全般のことを指すことにします。

2 保護者の思い

　ほとんどの保護者は、子どもを愛して、子育てをしています。そのような保護者がどのような思いで子育てをしているのか、見ていきましょう。次に紹介するのは、ある大学の「子育てひろば」を利用した保護者の思いです。すでに小学生以上の子どもをもつ保護者が、子どもが幼いときに「ひろば」をなぜ利用したのか、利用するようになったのかを書いてくださったものです[1]。保護者が思ったり考えたりしていることがわかります。

> 「（前略）今考えると、なんて他愛もないことで悩んでいたのだろうと思うような些細なこともたくさんありますが、初めての小さな子どもと二人きりで一日中過ごす毎日は必要以上の不安や孤独を感じることも多かったように思います。（後略）」（母親のAさん）
>
> 「（前略）長男の子育てはすべてが初めてで、ちょっとしたことで心配ばかりしていた気がします。（中略）子どもたちが小さかった頃、毎日はあわただしく過ぎていき、いつになったら楽になるのだろうかと思ったものです。そんな寝不足気味の毎日が、実はとびきり愛おしく、そして二度と戻らないかけがえのない時間であったことが、今になってようやくわかりました。10年前の自分に、『何も心配しなくて大丈夫だから、もっと今を楽しんで』と伝えたいです。（後略）」（母親のBさん）
>
> 「（前略）産後に専業主婦となった私は、なんとなく社会から疎外されたような孤独感を感じていました。右も左もわからない子育てに不安もありました。初めての育児、理想的なママになろうと育児本を読み漁り、マニュアル通り頑張ろうとする度、うまくい

> かず、現実とのギャップに落ち込んだり、我が子と周りのお子さんを比べて気にしたりもしました。（後略）」（母親のCさん）

　上に紹介した3人の母親は、初めての子育てをするときの不安を挙げています。Aさんは、毎日必要以上に子育ての不安を感じていたこと、そして孤独感を挙げています。Bさんも、心配ばかりしていたことを挙げ、10年前の自分に「大丈夫」と伝えたいと述べています。Cさんは子育ての不安要素を分析しています。まず、専業主婦になったことで、社会から疎外された孤独感を感じたこと、さらに理想的な母親になろうと本を読んだりしたけれど、現実とのギャップで落ち込んだこと、そしてわが子とほかの子どもを比較して気にしたこと。これらを繰り返すことで、子育ての不安はどんどん増していってしまったのです。

　これらの保護者の不安は、初めて子どもをもった保護者には共通にあるものです。この不安を軽減する働きをしたものは何であったのかについて、やはり保護者の書いたものから見ていくことにしましょう[2]。

> 「（前略）初めての育児で不安もありますが、いつも温かく迎えてくださる保育士のみなさんにとても感謝しています。食事や授乳のこと、日々の些細なこと等を気軽にお話しすることができ、心強い存在です。成長に関しては、他のお子さんと比べてつらくなったり、何がいけなかったのかと考えた時期もありました。しかし、成長は一人一人違うこと、お母さんたちがそれぞれいろいろな不安をもっていることを知り、娘の成長をそのまま受け入れて行こうと思うことができました。（後略）」（母親のDさん）
>
> 「（前略）スタッフさんが、長女がどんなに騒いだり走ったりしても、決して声を荒げずに『危ないよ〜ちっちゃい子もいるからね〜』と声をかけて下さる。なんでもないことなのですが、この『諭し方』が子育て初心者にはすごく心強く、また参考になるのです。（後略）」（父親のEさん）
>
> 「（前略）背中に『迷子にならないようにかな？シール』が貼られる。『○○○○　1年3か月』このシール、とても役に立つんです。一緒のコーナーで遊んでいるとき、『○○ちゃん、よろしくね』とか、『2か月違うだけでこんなに立派に成長するんですね』などと付添いのおかあさんやおばあちゃんたちと親しくお話しもできる。『ああ、あと数か月で△△ちゃんのように元気に歩けるんだ…』などと爺も思いをはせてにっこり。（後略）」（祖父のFさん）

　不安を軽減する要素が、上の3人の保護者から見ることができます。子育てしている保護者自身を受け入れてくれるほかの大人の存在が必要であること、具体的に子どもとのかかわり方を示してくれる存在が必要なこと、子どもを介して、ほかの保護者たちと親しく話すことができること、さらに子どもの発達を予測して、楽しみにできることなどが、挙げられるでしょう。

　子育てに対して、不安がいっぱいの保護者たちですが、その不安を軽減する方法も保護者自身が発見する力をもっているのです。その力をどのようにしたら、獲得することができるのか？　子どもや保護者の傍らにいる保育者が、そのための支援をしていくことが大切です。

1) 2) 東京都市大学人間科学部子育て支援センター『「ぴっぴ」10年のあゆみ』東京都市大学人間科学部、2014年

3 保護者を力づける支援とは？

長い間「ひろば」にかかわり多くの保護者の支援をしてきた経験から、保護者を力づける保育者の支援とは具体的にどのようなことなのか、次のようにまとめることができます。

(1) 乳幼児期の発達の特徴

子どもや子育てに不安を抱えている保護者にとって、いつも笑顔を絶やさない保育者の存在は、保護者や子どもをほっとさせるでしょう。保育者の笑顔は相手に安心感を与えます。保育者が心から、会えてうれしい、子どもの傍らにいることが幸せと感じ、それが表情となって現れるのが笑顔です。子どもの成長を喜ぶ保育者、子どもの行動を変えさせたいときにでも、優しく小さな声で声かけをする保育者は、保護者を安心させます。

(2) 保育者の笑顔

特に幼い子どもを抱えている保護者は、まわりの大人たちの視線を非常に気にすることが多いのです。特に子どもが泣き声を上げたり、大きな声で抵抗を示す声を出しているときには、子どもの気持ちを受け入れる前に、まわりの人々に迷惑になっていないかを気にして、子どもの声を押さえようとします。本来は、子どもの声をうるさいと思わない社会の雰囲気があるといいのですが、東京都のように「子どもの声は騒音ではない」と敢えて条例規定しなければならないように、子どもの声をうるさいと感じる大人がいることも事実です。ですから、子どもをもつ保護者は、他人の視線を非常に気にしています。ほかの人からうるさいと思われないようにと気を遣って生活しているのです。

保育者こそ、幼い子どもや保護者に対して、厳しい視線を向けないで温かいまなざしを向けたいものです。保育者が保護者に厳しい視線を向けているときは、保育者の考えていることに「あの保護者は何か、困ったことをするのではないだろうか？」という疑いの気持ちがある場合です。人は、「見張る」ときには、目を見開いてしっかりと見るようにします。すると視線は厳しいものになります。そうではなく「見守る」ときには、目元は下がり、表情も緩ん

で優しい視線になります。子どもや保護者を支える保育者は常に「見守る」気持ちを忘れないでいることが大切です。

(3) 保育者のかかわり

　保育者が、子どもや保護者にどのようにかかわればいいのでしょうか？　笑顔も、見守る視線もかかわりの一つです。さらに保護者に対してのかかわりで大事なのは、すぐに保護者の行動を変えようと思わないことです。それぞれの保護者は不安を抱えながらも、子どもとかかわっています。あまりにも一生懸命にかかわっているので、そばにいる保育者は保護者のどこ

が悪いのか、どうすればいいのかがすぐにわかることもあります。だからといって、すぐに保護者に「○○すればいいですよ」と言ったところで、保護者はそれを聞き入れようとはしないことがほとんどです。なぜなら、保護者の行動は保護者自身が決めるからです。「偉い医者が言ったから」とか「有名な大学の先生が言ったから」としても、保護者自身の行動を変えることはないのです。

　では、保育者はどのように保護者とかかわればいいのでしょう。答えは、保護者の行動の変化をゆっくりと待つことです。保護者を、子どもを受け入れるのと同様に受け入れ、保護者を否定しないことが大切です。たとえば保護者の努力を誉め、「がんばっているね」とさりげなく伝えることを繰り返すのです。また、保護者に子どもの成長をていねいに伝え、喜びを表現することによって、保護者は子どもをどのように見ればいいのか、理解していくことができるのです。

　保育者は、子どもと保護者をつなぐ役割を取る人といえるでしょう。言葉を十分に話すことができない幼い子どもの、全身からの表現を聞き、子どもの意思を保護者に伝える人が保育者なのです。ですから保育者は、常に子どもの理解のために努力することが重要です。専門家としての惜しみない努力が日々のかかわりに影響を及ぼします。

(4) 保護者の意思を尊重する

　保護者は、子育てに不安をもちながらも、どのように子育てをしたいのか、自分の考えをもっています。情報が溢れている現代ですので、自分自身が子どもにとって、「理想的な親」になりたいと思う保護者も少なからずいます。ところが、実際に子育てをしていきますと「理想的」とはかけ離れた日常を痛感します。「子どもがミルクを飲まない」、「夜、寝ない」、「夜泣きする」、「母乳をやめることができない」、「いつまでもオムツがとれない」等々、一つひとつの困ったことが現実に目の前に起こります。

予定では、いつごろまでには「母乳は飲まなくなっているはず」であったり、「オムツが取れているはず」であったりします。それが、予定通りにいかないとなると、保護者はとても焦ります。どのようにしても子どもは、保護者の思い通りにはなってくれません。育児不安がむくむくと大きくなっていきます。このようなときに、保護者は、どのように行動するでしょうか？　誰かに相談するでしょうか？　相談した相手が答えてくれたように行動するでしょうか？

保護者からの相談を受けた場合、保育者はどのようにかかわればいいでしょう。相談してくれるということは、少なくとも自分は信頼されている人だということはわかります。信頼していない人には、よほどのことがなければ心を開くことはありません。まれに精神的な苦しさのために母子心中を考えるくらい深い悩みをもっている保護者は、特に信頼している人でなくても自分の悩みを訴えることはあります。そんなとき、次の事例のように、あるきっかけから悩みに向かう力を得ることがあります。

エピソード

子どもの夜泣きが続き、苦しんだある母親はわが子を手にかけて後を追おうと考えていました。そんなとき、道で会った、それまで話したことがない、少し高齢の近所の住人（女性）に「この子の夜泣きがひどくて…」と訴えたのでした。するとその婦人が「泣く子は頭がいいって言いますよ」と答えたのです。その答えによって、子どもと心中しようと考えていた若い母親は、子どもを殺さず、自殺もしないですみました。「よく泣く子は頭がいい」と言われたその言葉が母子を救ったのでした。もちろん、近所の婦人が、そこまで、母親が深く悩んでいたとは知らないでしょう。母親は、その言葉を少しも疑わずに信じたのでした。「よく泣く我が子は頭がいいかもしれない」と信じたことで、(夜泣きは続いたのですが) 子どもの世話をすることができたのでした[3]。

---

3) 小川清実『乳幼児を持つ母親の育児不安とその克服―事例認識の効用』埼玉純真女子短期大学紀要1号、1985（昭和60）年

この事例は、保護者の子育てに向かう気持ちの切り替えを示しています。「よく泣く子は頭がいい」という言い伝えがあるかないかを考える余裕が母親にはありませんでした。その言い伝えが真実なのかどうかも考える必要はなかったのです。重要なのは、母親が夜泣きするわが子の子育てを今後もやっていくという決意を固めることができたことです。（長野地域には、「泣く子は育つ」という言い伝えがあることを後に調べてわかりました。婦人はその地域の出身だったかもしれません。）

　この事例と同様の事例は多くあります。何度も小児科の医師から母乳だけではなく、離乳食を始めるようにと言われているけれど、決して離乳食を始めようとしない1歳児をもつ母親や、転ぶと危ないからということで、生まれてから一度も床に降ろしたことがない1歳1か月児をもつ母親が、現実にいます。どのようにしたら、離乳食を始める母親や子どもを床に降ろす母親になるのでしょうか？

　保護者の行動を変えさせる原動力になるものは、他者の「〇〇したらいい」というような言葉ではありません。実際にほかの子どもの行動を見ることこそ、原動力なのです。わが子に母乳しか与えていない母親は、同じ月齢のほかの子どもがむしゃむしゃと柔らかいパンを食べている姿を見たり、その子の母親から「朝晩だけでも固形物を食べさせると楽よ」という言葉をかけられたりすることによって、離乳食を始めようかと考え始めるのです。1歳児になっても母乳だけの生活というのは、具体的には1日に15回くらいは子どもが母乳を欲しがり、そのたびに母親は与えているわけで、母子ともども疲れ切っているのでした。ですから、パンを与えている母親からの「楽よ」という言葉は実感をもって受け取ったのでしょう。また、子どもを床に降ろしたことがない母親は、同年齢の別の子どもがよたよた歩く姿を見て、はっとしたようです。子どもが歩くためには、子ども自身が床に立たなければならないことに気がついたようでした。保護者が、ほかの保護者やほかの子どもの実際の姿を見ることがどんなに重要なことかわかります。<u>保護者が、自分自身の行動を変えるためには、ほかの保護者やほかの子どもを見る機会が多くあることが大切です。</u>

(5) 保護者が子育ての際に必要とする場所

　実際に子どもそのものをほとんど見ないで、保護者（親）になる現在では、保護者（親）のイメージをもたないで自分自身が保護者（親）になるところに大きな課題があります。現在、団塊の世代といわれる人々は、現在より子どもそのものや子育てを見る機会が多くありました。というのも、まず、第二次世界大戦直後の第一次ベビーブームであり、子どもが現在よりはるかに多かったことが挙げられます。また当時は、ほとんどの家庭は貧しかったので、保護者（親）は働くのに一生懸命でした。子どもは保護者に守られることなく、保護者（親）が帰ってくるまで、子どもたちだけで遊んで過ごしていたのでした。そんな子どもたちの姿を見て、何とかしたいと思い、東京大学を中心とする学生たちは子どもたちの世話を始めたことなどがセツルメントといわれるものです。

　子どもが多くいた時代は、子どもたちは家の中ではなく、家の外で過ごしていました。現

在のように家庭に水道やガスや電気がない時代は、共同で井戸を使い、調理のために、外で火を熾していたのです。家事をする大人のまわりには幼い子どもや小学生の子どもがいました。小学生くらいになると、赤ちゃんとは実際にどのような存在なのか、大人はどのように世話をしているのかを見て、自然に学習していったのでした。学校で子育てについて教育を受けなくても、子どもがどのように成長していくのかについては、自身が保護者（親）になるまでにはおおよそはわかっていたのでした。

その後の日本は、経済が急激に良くなって、人々の生活水準は高くなりました。今では、家の中で水は出ますし、調理のための火や電気があるのは当然になりました。洗濯するのも、手で行う必要はありません。洗濯機が洗ってくれ、乾燥までもやってくれるという本当に楽な時代になりました。以前は、井戸のまわりで、洗濯をしながら、子どもの世話もしていたのでした。

何軒かの家の人々が同時に作業していますから、おしゃべりをしながらです。これを「井戸端会議」と呼んで、女性たちの単なるおしゃべりと思われていたのですが、実は、このおしゃべりをする「井戸端会議」は、初めて親になる人々には貴重な情報を得る機会となっていたのでした。子どもをどのように育てるのか、様々な家があり、様々な保護者がいたので、様々な子育ての方法を知ることができたのです。様々な方法の中で、自分自身がどうするのかを決定し、子育てしていきました。手の空いている隣人が助けてくれることもたびたびありました。1軒だけで、子育てをすることはまったくなかったのです。様々な方法ですが、誰かが困っているときには手を差し伸べる人が必ずいました。まさに子どもは「個人」ではなく「社会」の存在であったといえるのでした。

現代では、以前の「井戸端会議」のような場所がありません。核家族が主流ですし、核家族がそれぞれの子育てをしています。公園で出会っても、親同士が気軽に声をかけ合うことはほとんどなくなりました。同じくらいの年齢の子どもをお互いに連れていても、「おいくつですか？」などとは言わないのです。公園だけではなく、同じマンションに住んでいる人だとわかっても、声をかけないと言います。人々が助け合わなければならなかった時代には考えられないくらい、現在では、個々の家族が孤独です。子育ては孤独な状態の親だけでは成立しないことは、文化人類学者の研究で明らかになっています。現代でも、子育ての際にはお互いに助け合う仲間が必要なのです。牧野カツ子が育児不安を低くする条件として、親しく交流するほかの家族がいることを明らかにしました。子どもを預けたり、預かったりできる関係のほかの保護者（親）たちがいると、子育てが楽しいと思えるということがわかっています[4]。

子育ては子どもの保護者（親）だけでしていくと、とても苦しくなります。たとえば、まだ、昼と夜の生活のバランスが確立していない、生まれて間もない乳児の世話は、大変な思いをします。第一にまとめて睡眠がとれません。少なくとも自身が眠りたいと思ったら

4）牧野カツ子『子どもを持つ母親の生活と〈育児不安〉』家庭教育研究所紀要第3号、1982年

眠れるという生活をしていた人が、2時間くらいで赤ちゃんに起こされるのです（赤ちゃんのお乳を欲しがる時間は3時間平均とするといわれていますが、実際は、赤ちゃんがお腹いっぱいになって眠り、その後、げっぷをさせたり、オムツを交換したりして、母親が寝るのは赤ちゃんにお乳をあげてから1時間後くらいになります。ですから、母親は2時間眠ったら、もう、赤ちゃんはお腹が空いて泣き出すのです）。このような生活を1か月間以上するのですから、万年不眠症の状態です。不安なく子育てをするためには、このようなときこそ、自分だけがこのようなつらい状況ではないということを知ることなのです。

　だからこそ同じくらいの年齢の子どもをもつ保護者（親）が集い、情報交換をする場所が必要です。かつてはそれぞれの家庭が、地域で行っていました。近所に同じくらいに年齢の子どもがいる家庭同士がかかわることで情報交換ができたのです。「私も大変な状況だけれど、あなたも同じなのだ」ということを知るだけで不安が低くなるのです。筆者はこの効果を「事例認識の効用」と名付けました。ほかの事例を知ることが、自身の不安を低くするのです。

　現在、様々なところで行われている「子育て支援」の「ひろば」は、この効果をもたらす場所です。ほかの子どもや保護者を実際に見ることが育児不安を低くする有効な方法なのです。子どもはほかの子どもの実際を見て学習します。なかなか寝返りをしない子どもが「ひろば」で、ほかの子どもが寝返りしているのを見て、いつのまにか寝返りができるようになったというようなことは多くあります。子どもは自分の目で直接見ることが、何よりの学習ということは明らかです。同様に、保護者もほかの保護者のやっていることを直接見ることが学習になるのです。自分の子どもと遊ぶことができない、どうかかわったらいいかわからない保護者が、自分の子どもとたくさん遊んでいるほかの保護者の行動を見ると、次第に子どもと遊ぶことができる保護者に変わります。別の大人が「○○したらいい」と指示するより、はるかに学習効果があります。

　実際の子育てを見る機会が多くある場所こそ、現代には必要なのです。

演習② 保護者を理解しよう
～相関図で課題を整理しよう～

★１回目の子育て支援活動を終えて課題が見えてきました。そこで、２回目の活動をより良くするために、相関図を使って課題を整理してみましょう。

> Ｋさんは「子育てひろば」で保育士をしている。この日は「子育てひろば」の初日だった。午前中には４組の親子が遊びに来た。Ａさん母子とＢさん母子は同じマンションの住人で前からの知り合い、一方、Ｃさん母子、Ｄさん母子は初めての利用で知り合いはいない。子どもたちは全員２歳児だった。
>
> Ａ子とＢ子は遊び慣れた様子で、あちこちから遊具を持ってきて母親たちのそばで遊び始めたが、Ｃ男とＤ男は初め手持無沙汰だった。Ｃ母はかたときもＣ男のそばを離れず、Ｄ母はＡ母、Ｂ母のほうに時折目を向けている様子。そのうち、Ｃ男がコンビカーを見つけて乗ろうとした。とそのとき、それを見つけたＤ男が走っていって自分も乗ろうとする。そこでコンビカーの取り合いが始まった。二人の母親がそのことを気にする様子がなかったので、Ｋさんはその場に行き、二人の間に入った。この日、Ｄ男の母は結局最後までＢ子の母とは話せなかった。なんだか大人も子どもも満足できなかったのではないか。そんな思いの残ったＫさんは少し整理して次回に備えるため、その日の様子を相関図に表わしてみることにした。
>
> そのときの相関図が以下の図である。

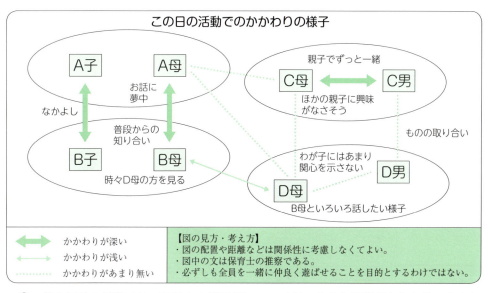

① 第１回目の活動では、Ｄ母の人間関係についてどのような課題があると思いますか。

② ①の課題に対して、保育士としてのかかわりや環境をどのように整えたらよいか考えてみましょう。考えをまとめたら、グループで話し合ってみましょう。

第6章 地域のことを理解しよう

1 地域資源を知ろう

(1)「地域（ちいき）」って、どこ？

　第2章で見たように、幼稚園、保育所、認定こども園などで行われる保育や子育て支援については、国のガイドラインである「幼稚園教育要領」「保育所保育指針」「幼保連携型認定こども園教育・保育要領」などに書かれています。そこでは、在園する子どもたちの保護者や家庭に対する支援と同時に、地域の子育て家庭への支援についても触れられていて、園がそれぞれの地域にある公的な施設として、その地域で果たすべき役割が述べられています。では、この「地域」とは、いったいどういうことをさしているのでしょうか。「地域」の国語辞典の意味は、『区切られた土地。土地の区域』[1]となっていますが、ここでいう「地域」は、単に○○市、○○区といった行政単位の区域や区画だけをさすのではありません。「地域」とは、ある社会的特色をもった空間的なひろがりであり、そこに暮らす人々が織りなす文化的特徴や、そこを特徴づける経済・産業などの生活状況も含まれています。つまり、居住する物理的な土地の区域をさす「地区」というよりも、人々がそこで生き、生活している「地域社会」の意味合いを含む言葉であるといえるでしょう。

　次に、「地域社会」の国語辞典での意味ですが、『一定の地域的範囲の上に、人々が住む環境基盤、地域の暮し、地域の自治の仕組みを含んで成している生活共同体。コミュニティー』と説明されています。家族や職場、大学や幼稚園、保育園、そして町内会や自治会といった人間同士の集団、日常的な共同社会がそこにはあります。また、そこで暮らす人々の相互交流やつながりなどといった人と人との関係性が存在して

写真① 街頭企画

います。このように考えると、「地域資源」の「地域」には「共同体」「コミュニティー」という考え方が、含まれているといえるでしょう。

　保育について学んでいると、地域社会の崩壊、地域の人間関係の希薄化、といった言葉に出あうように、「地域」とは、人々が、買い物や散歩をし、学校や病院に行き、種々の行事や集まりに参加するといった個々の日常生活空間が重なり合う場や空間、そこに生まれ

---

1) 新村出編『広辞苑 第六版』岩波書店、2008年

る人間関係などの総体を指すと考えられます。その上で、子育てや保育における「地域」の意味について考えると、特に、子育てや保育にかかわる人と人との横のつながり、連綿と続いてきた育児文化や子育ての知恵、継承されるべき保育理念や発達観といった縦のつながり、それらを含み込む全体というイメージでとらえることができます（図1）。

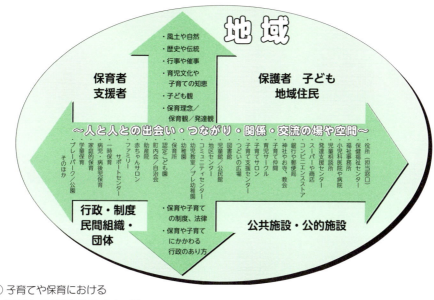

図① 子育てや保育における
　　「地域」のかかわりのイメージ

(2)「資源（しげん）」って、なに？

　次に、「資源」の国語辞典の意味を見てみると、「生産活動のもとになる物質・水力・労働力などの総称」とあります。もう少し考えを深めるために、英和辞典[2]で「資源」にあたるリソース（resource）という単語の意味を調べてみると、次々に湧き上がるという原義から、財源、資金、援助をしてくれる人、個人の精神力、資料、手段、方策などといった訳語が示されています。以上のような語義から考えると、地域で暮らす人々を取り巻く、物的環境、人的環境、自然環境、社会環境などのうち、人々の生きる暮しを支えるもととなっている物的・人的・社会的な有形、無形の力と考えることができるでしょう。さらに、保育や子育てについて考えてみると、(1)の図①で挙げた具体的な場や空間それぞれに関係する人やモノやそれらがもつ機能や役割などを包括して表す言葉としてとらえることができるのではないでしょうか。

　なかでも、保育・子育てにおいて一番の資源は「人」だといえます。親子や家族の間で子育てが行われ、社会生活を送る上で、何か困ったとき、助けが必要なとき、そこまでいかなくても、何となく不安なとき、心配なとき、そのことに気軽に手を差し伸べたり、一緒に考えたりしてくれる、また、楽しいとき、うれしいときに共感してくれる、そんな「人」は、まさしく、「資源」と呼ぶことができるでしょう。

---

2)『ジーニアス英和辞典 第四版』大修館書店、2006年

(3) どうすれば地域資源に出あえるか

①地域資源について理解する

　ここまでの内容から、保育・子育て支援に関する地域資源についてあらためて考えてみることにします。人々が、地域において日常生活を送りながら子どもを育てていく上で、子育ての当事者である親子を中心にどのような地域資源がかかわっているでしょうか。以下の図②に示して、具体的な地域資源についてみていきましょう。

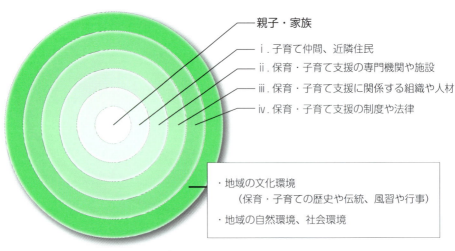

― 親子・家族
ⅰ. 子育て仲間、近隣住民
ⅱ. 保育・子育て支援の専門機関や施設
ⅲ. 保育・子育て支援に関係する組織や人材
ⅳ. 保育・子育て支援の制度や法律

・地域の文化環境
　（保育・子育ての歴史や伝統、風習や行事）
・地域の自然環境、社会環境

図② 親子を取り巻く地域資源

ⅰ. 子育て仲間・近隣住民

　孤独に子育てをせざるを得ない環境に置かれている核家族の専業主婦の問題もありますが、ご近所同士の付き合いや、いわゆるママ友同士の人間関係、育児サークルや赤ちゃんサロンの仲間といった小さな共同体が存在します。

写真② 育児サークルの様子

ⅱ. 保育・子育て支援の専門機関や施設

　親子が居住する市区町村の役所の子ども・子育てのための担当課の下に設置されている場は、一番の専門機関といえます。自治体によって、受診率に差がありますが、乳幼児健康診査で必ず通過すべき場として、保健センター、保健福祉センターがまず第一に挙げられます。親子にとっては、病院の産婦人科や助産院などに続いて、小児科医院などの病院も、日常生活において欠かすことのできない専門機関です。また、０歳から１、２歳の低年齢児を育てる保護者にとっては、地域にある子育て支援センター等で行われている子育てひろばも身近な専門機関です。子育てひろばは、自治体直営ばかりではなく、社会福祉法人やNPO（特定非営利活動法人）、あるいは保育者養成校などさまざまな運営主体があり、

写真②③）視察報告書「子育て支援に関する保育実践力をはぐくむために―保育者養成校と子育て支援施設の連携の可能性―」平成26～28年度科学研究費基盤研究 (C)26350353、研究代表者田園調布学園大学矢萩恭子、2015年

自治体の管理下にある児童館や地区センターなどにおいても、さまざまな運営の方法により、こうした場が広く設置されるようになってきています。

さらに、子どもの養育に特別なニーズや課題のある家族や、経済的課題や緊急対応のニーズなどを抱える家族が利用可能な、児童相談所やファミリーサポートセンター、児童発達支援センター、療育センターなどの専門機関があります。そして、何よりも、地域に

写真③ 地域子育て支援センター（福岡市・城南子どもプラザ）

ある幼稚園、保育所、認定こども園などの就学前教育・保育施設を忘れてはなりません。現在、こうした施設は、在園児の保護者の子育てばかりではなく、在園児以外の地域の保護者の子育てについても支えていく使命を担っているからです。さらに、2015年4月施行の「子ども・子育て支援新制度」において、新たに法的位置づけをされた地域型保育の場として、小規模保育、家庭的保育、居宅訪問型保育、事業所内保育などがありますが、これらは、続くiv.の制度や法律の下に設置、運営されているものです。

iii. 保育・子育て支援に関係する組織や人材

地域の子育ての応援団として存在する組織や人もまた、親子を支える重要な地域資源です。ii.でも挙げたNPO（特定非営利活動法人）や社会福祉協議会、それらが運営するボランティア協会、一般企業による社会貢献活動、大型店舗や銀行などを経営する株式会社や、地元の商店街や商工会議所などといった組織や団体が、子どもや子育てにやさしい街づくりの役割を担っている場合があります。また、町内会や自治会のつながりによる催事や行事で保育や子育てに関係する部分の役割を担っている人、地域の民生委員、児童委員、主任児童委員、自治会役員などの人々も重要な子育て支援の担い手です。

以上のような組織やそこにいる貴重な人材以外にも、世代間交流の保育・子育て支援実践として、小学校、中学校、高等学校の児童・生徒、あるいはシルバー人材や高齢者の方々などもまた、保育や子育てに協力する担い手といえます。

写真④ 幼稚園での世代間交流行事

iv. 保育・子育て支援の制度や法律

人々が生活する地域における保育や子育てについては、当事者である親子が、認識/理解している・していないにかかわらず、国による制度や法律、それを運用する財源の確保といった大きな枠組みの影響下にあります。こうした制度や法律の運用を実際に行っている市区町村には、工夫して独自に制度や条例が、つくられている地域もあります。その地

写真④) 東京都・中央区立明石幼稚園「ふれあい祖父母デー」

域、地域による保育や子育てにかかわる行政の在り方は、地域住民の人権や福祉に大きく影響しますので、たいへん重要です。制度や法律がきちんと存在していてもそれを実際にどのように運用・実施するかは、地域行政の重要な責務です。

　地域において、保育・子育てについては、以上、i.～iv.に整理したように、当事者親子が利用する場や、そこでの人間関係といったミクロな環境から、目に見えない制度や法律といったマクロな環境まで、地域資源としてもっています。その上さらに、その地域特有の自然環境や社会環境、保育・子育ての歴史や伝統、社会的風習や催事等といった文化環境をもまた、地域資源としてその背景にもっているといえます。

②地域資源に出あうために必要な姿勢

　地域資源に出あうために、みなさんはどのような姿勢をもつとよいのでしょうか。ここでは、基本的な姿勢として、以下の３点を挙げます。

i.地域社会に生活しているという自覚

　自分が、地域社会に生活し、様々な地域資源の支えや恩恵を受けているという意識をもつことが大事です。そのような意識をもつということは、自然と自分たちの暮らす街や人々への興味・関心、好奇心、あるいは親しみを芽生えさせることでしょう。そのためにも、日ごろから、人々の生きる暮らしというものに、生活者の目線から関心をもち、自ら積極的にかかわっていこうとすることが求められます。つまり、自分たちが生活する地域社会についてよく知ろうとすることです。しかも、その知り方には、本やインターネット等の媒体を通して知る知り方だけでなく、地域にあるさまざまな場や空間に直接出かけていって、利用したり、参加したりしてみる心がけが必要です。そうしているうちに、学校や職場といった狭い人間関係を超えた多様な人々との出会いとつながりが生まれるでしょう。

ii.共存・共生していこうとする姿勢

　このこともまた、地域社会に暮らす者として当たり前の意識といえるかと思われますが、自分自身が共同体の一員であるという意識をもつことが必要です。つまり、人と人とが互いに支えあって生きるということを肯定し、実感しながら生活することです。それがときに、人間関係の悩みや煩わしさを感じさせることがあるにしても、なお互いによって生かされているという感謝の念を忘れない心の姿勢が求められます。他者の存在そのものや、その存在の仕方に肯定的な関心をもつことによって、たとえば、乳幼児や障がいを抱えている人を排除するのではなく、共に地域社会で生きる仲間として共存・共生していく価値観を自分自身のなかに育てていくことが大切です。

iii.カウンセリングマインドに基づく当事者意識

　保育や子育て支援を学ぶ者にとって不可欠ともいえるカウンセリングマインド、それはカウンセリングの相談援助の場でカウンセラーが相談者の心に寄り添いながらともに考えていこうとする姿勢と共通して、一人ひとりの子どもの内面を理解し発達に必要な経験を

その子自身が得られるよう援助していく力であるといわれています。このことをカウンセリングの場面のみならず、幼稚園や保育所での保育の場面というふうに狭い考えでとらえるのではなく、地域社会において人と人とが出会うことによって生み出されるさまざまな関係性や状況の場面ととらえると、そこで起きている現象のなかで互いが互いにとって意味のある状況をつくり出そうとする姿勢をもつことが必要であるということになります。たとえばそれは、炎天下、重い買い物袋を下げて赤ちゃんをベビーカーに乗せながら道を行く母親に対して、その泣いている赤ちゃんにやさしい声で話しかけている高齢者に対して、母子とこの高齢者に気づいて道を広く開けようと移動した数名の高校生に対して、それぞれの人の身になるということ、そして何よりも、この一生懸命育とうとしている赤ちゃんに対して安心して大きくなれるよう、さまざまな面からこの子の身になり考え、どんな小さな行為でも、そこで自分なりの実践を行うということです。

　以上、基本的な姿勢について考えてみましたが、保育者を目指して、保育や子育てについて専門的に学んでいるみなさんについてはどうでしょうか。それは、自分が居住している地域ばかりでなく、養成校のある地域についても関心をもつということ、通学の行き帰りに目にする光景やできごとに対してそこに暮らす住民と変わらないくらいのまなざしを向け、考え、行動するということから始まります。たとえばそれは、地域住民と日常的に挨拶を交わせるような関係性を築こうとしたりすることや、その地域にある園や施設、町内会、役所が管轄する公的施設・機関等で行われるさまざまな行事やイベントへの参加や手伝いなどに積極的に協力したりすることです。そして、そのきっかけは、養成校の授業やゼミ活動であったり、養成校にある地域との交流の窓口であったり、部活やサークル活動、ボランティアやアルバイトなど、さまざまです。自らそのような機会をとらえて、視野を広げ、何事も経験してみようとする気持ちが大切です。

　そして、専門性をもつ養成校の教員もまた重要な地域資源であり、養成校に地域の人々が活用・交流できる場をつくったり、学生とともに地域に出かけて活動・交流したりして、みなさんの経験の機会を支え、地域貢献に努めています。

2　保育者養成校と専門機関・関係機関との地域連携

　前節では、子育て支援に生かせる地域資源について見てきました。本節では、保育者養成校に期待される地域連携への参画の可能性について考えてみることにします。ここでいう「地域連携」[3] とは、子育て支援などの関係機関との連絡調整、連携・協働の体制づくりといった地域のネットワークをつくり出すコーディネート機能ばかりでなく、地域の子育て資源の育成、地域課題の発見・共有、地域で必要な社会資源の開発などといったクリエイティブな機能も含まれます。

3) 内閣府・文部科学省・厚生労働省『利用者支援事業ガイドライン』2015 年 6 月

(1) 保育・子育て支援の専門機関や施設との連携・協力

保育者養成校は、実習教育を通じて幼稚園、保育所、認定こども園などと日常的にかかわりをもっていますが、実習期間に集約された連携・協力が中心となり、こうした施設がもつ子育て支援機能や地域の子育てのセンターとしての役割といった側面からのかかわりはほとんどなされていないのが実状です。子ども・子育て支援新制度は、まさにこうした就学前教育・保育施設での教育・保育の総合的な提供と同時に、家庭や地域の子育て支援を充実させることをその主たる内容としており、養成校には今後、子育て支援という役割を十分に経験できるような実習を工夫していくことが期待されます。学生は、保育者から保護者の子育てについての話に触れられたり、直接保護者とかかわる機会を得たりして、保育の場と家庭との連携の実際について知ることで、園のもつ子育て支援機能や地域における役割などを学ぶことができます。

子ども・子育て支援

■認定こども園、幼稚園、保育所を通じた共通の給付等の創設
■認定こども園制度の改善
■地域の子ども・子育て支援の充実

➡ **より子供を生み、育てやすく**

【主な内容】

○**幼児期の学校教育・保育の総合的な提供**
（・幼稚園と保育所の良さをあわせもつ施設（幼保連携型認定こども園）の改善、普及の促進
・小学校就学前の子供に対する学校教育や保育の給付を共通に）

○**待機児童対策を強力に推進**
（・認定こども園等のほか、小規模保育、保育ママなど多様な保育の充実により、質を保ちながら、保育を量的に拡大）

○**大都市部以外でも地域の保育を支援**
（・子供の数が減少傾向にある地域でも、認定こども園等のほか、保育ママなどの小規模な保育の活用などにより、子供に必要な保育を提供（地域型保育給付の創設））

○**家庭・地域の子育て支援を充実**
（・市町村が地域の声を聞きながら、子育ての相談や親子が交流する場、一時的に預かってもらえる場を増やすなど、子育て支援を充実）

図③ 子ども・子育て支援新制度の概要（内閣府『平成 27 年版 少子化社会対策白書』原文ママ）

次に、地域子育て支援拠点事業を行っている施設とのかかわりが考えられます。

子育て支援拠点事業は、地域子育て支援センター事業やつどいの広場事業などを経て2007年に制度化され、今では児童福祉法、社会福祉法のいずれにも位置づけられています[4)]（地域子育て支援センターは、1993年、保育所地域子育てモデル事業として始まり、1995年に地域子育て支援センター事業として制度化されてきた経緯から、保育所併設型も多く、実習先の保育園がセンターをもっていることもあります）。その後も再編が進み、現在では常設の地域の子育て支援拠点を設ける一般型と、児童館等の多様な子育て支援に関する施設に親子が集う場を設ける連携型に類別されていますが、実施場所としては、学校の空き教室や公民館といった公共施設や、商店街の空き店舗、民家やマンション・アパートの一室、児童館等の児童福祉施設があり、

4) 渡辺顕一郎・橋本真紀編著『地域子育て支援拠点ガイドラインの手引き 第 2 版』中央法規出版、2015 年

そして、幼稚園、保育所、認定こども園等も含め、2015年度（平成27）までに全国で約7,000か所の拠点が整備されました（図④）。実施主体には、市区町村のほか、社会福祉法人、NPO法人、企業などの民間事業者等があります。最近では、養成校がこうした拠点事業を受託したり、設置したりしている例もあります。学生は、地域子育て支援の場へ見学や実習、ボランティアなどの形で参加することにより、在園す

図④ 地域子育て支援拠点事業の実施か所数の推移

る親子ばかりでなく、地域で生活する親子の姿に触れ、保護者の子育てやニーズについて、保護者への支援の必要性やその在り方について学ぶことができます。

このほか、妊娠前から子育て期にわたるまでの切れ目のない支援の実施や、発達が心配される子どもとその家庭や、外国籍等の多文化子育て世代などに対する保健・医療・福祉を包括した支援の実施が目指されている現在では、病院や保健センター、発達支援センター、療育センター、児童相談所といった専門機関も考えられます。

(2) 保育・子育て支援に関係する組織や人材との連携・協力

①組織との連携

養成校で連携先について検討しようとするときには、先述の(1)でみたような専門機関や施設を運営しているさまざまな実施主体と出あうことになります。たとえば、地域子育て支援センターとかかわろうとするときに、その実施主体が、ある社会福祉法人だったとします。そこについていろいろと調べたり、連絡をとって直接やりとりをしたりしているうちに、その法人がほかの地域でも地域子育て支援センターを複数運営していて、なかには次年度の実習依頼をかけようとしている保育所をもっていたりすることも、珍しいことではありません。あるいは、卒業生がその法人の運営する障害者施設に採用されていたりするケースも出てきます。

また、地域子育て支援センターは、児童館に設置されている場合がありますが、自治体直営のセンターばかりではなく、自治体からNPO法人が受託して運営していることもあり、なかには、企業に委託されていることもあります。あるいは、児童館そのものは自治体が運営していても、センターはその一室にて他の実施主体が運営していることもあります。このように、一つの法人組織が多様な施設を運営していたり、自治体とは別の組織体が運営していることもあるため、養成校が地域連携を模索する場合にも、そこに建ってい

る施設だけでなく、その組織とかかわるという意識をもつことが必要です。組織とかかわるということは、連絡先の窓口ばかりでなく、その施設や専門機関がどのような組織の下にどのような形で運営されているのか、保育や子育て支援にかかわる部門はどうなっているかなど、全体像を把握するよう努めるということです。見学や実習の依頼や交流について、どの部門にどのようにアプローチすればよいか、あるいは円滑に進められるかが判断できるからです。

一方では、その地域で長年活動を展開している社会福祉協議会や、熱心な市民により地域で地道に活動する団体やグループなどの組織も考えられます。地元の商工会議所のメンバーなどで街づくりNPO法人を主宰し、自分たちの地域活性化を目指すなかで、子育て支援にかかわるイベントを実施しているケースもあります。また、青少年の健全育成を図っている市民団体やグループ等が、多世代が世代間交流できる企画を実施している場合もあります。いずれにしても、養成校のある地域でどのような組織や団体が活動しているのかを知る必要がありますが、やみくもに探しても出あえる訳ではなく、子育て支援事業や活動をていねいに追っていくなかで、人脈が生まれ、つながっていけることが多いでしょう。

②人材との連携

次に、連携先として重要になってくるのは、人材つまり「人」です。この「人」は、地域資源としてかけがえのない存在であるといえるでしょう。たとえば、保育所や地域子育て支援センターには、乳児保育や育児、保護者支援に関して何十年というベテランの保育士がその園や地域の子育てを支えていることがあります。また、保育所には、看護師、保健師、栄養士といった専門職の職員がいるため、アウトリーチといいますが、個別にあるいはチームで地域の公共の子育て支援の場に出かけて行って、出張型の活動を担っているということがあります。また、その地域の実情をよく知る民生委員や自治会の会長などが、絵本文化や情報に詳しい住民による図書館での読み聞かせボランティア活動や、手先の器用な高齢者によるおもちゃ病院活動などの世話役をしている場合もあります。地域を愛し、地域に根ざした地道な活動を継続して行っている人材は、地域にある養成校として活動していくことによって、必ず見つかるはずです。

学生は、そうした人の話を生で聞き、活動の様子を見せてもらうことによって、その人の力が生かされるべきニーズをもつより多くの住民のもとへ届けられるようにするには、自分たちにどんなことができるのか、あるいは、自分たちも一緒になってどんなことができるか、連携の仕方を模索することを通じて、人と人とが支え合って生きる社会を創り出すということについて学ぶことができます。

(3) 行政と支える専門機関や施設、組織や人材などとの総合的な地域連携

養成校は、学生の実習でかかわりのある保育所運営担当の部署や、公立幼稚園を管轄する教育委員会などと同様に、各市区町村の子ども・子育てにかかわる行政の担当課およびそこに従事する職員の方々とは、顔の見える関係でいたいものです。地域にある養成校として、保育・子育て支援にかかわる専門機関や施設、組織や人材などとつながりを求めていこうとするとき、行政の担当部門・部署とのやりとりは欠かせないものとなってくるからです。

一方、1990年ごろ以降、国の地域子育て支援施策は、さまざまな経緯を経て、国民全体でこれを支え合う包括的な次世代育成支援の制度として、そして子育て支援をきめ細かに地域で支

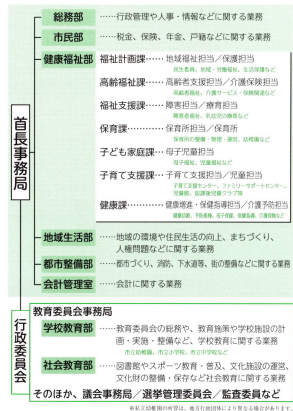

図⑤ 市町村における幼稚園・保育所・子育て支援などの行政組織「例」

える包括的な支援として、さらには、保育所などの保育とは別に地域の子育て支援が固有の領域を有する事業として、地域における住民の積極的な参加や支援の連携の推進を図る方向に発展してきました[5]。このような子どもや子育てについてのさまざまな分野からの総合的な支援を可能にする柔軟な公的制度とそのための施設、組織や人材などは、まさに多様な地域資源を頼みとするところでしょう。

その点で、さまざまな専門分野をもち、教育・研究に従事する各教員がいる養成校は、このような総合的な支援や地域連携を維持・発展させていく上で、行政との顔の見える関係を大事にし、柔軟に連携を進め、そのよさを発揮していける可能性をもっているといえるでしょう。

行政部門やその職員は、業務上、自治体内のさまざまな子育て支援事業の実施や、自治体企画の子育て支援イベント、連携会議の開催などを通じて、公共施設、専門機関、地域住民による団体や民間組織、あるいは、それらのなかで地域のために特に尽力している個人やその人脈などを熟知していたりします。そして、それらの間の関係を調整し、子育て支援に関するさまざまな情報を住民に提供したり、支援を必要とする親子のニーズを把握

---

5) 橋本真紀『地域を基盤とした子育て支援の専門的機能』ミネルヴァ書房、2015年

したりする役割を担っているわけですが、このニーズを適当なサービス（資源）につなぐ子育て支援コーディネート事業は、2003（平成15）年に創設され、2005（平成17）年から改正児童福祉法により市町村の責務として位置づけられ、2015（平成27）年の子ども・子育て支援新制度からは「利用者支援事業」がこれに当たるものとなっています。ただし、子育て支援コーディネートそのものの枠組やその役割を担う人材（利用者支援専門員）の育成の在り方には課題もあります[6]。

ところで、こうした行政の担当課や職員と密接なつながりをもち、日常的な連携・実践を積み重ねていった過程の一例として、養成校が、自治体との連携・協力事項を明示した協定を結ぶという形もみられます。ただし、協定締結により、養成校が地域連携においてどのような機能や役割を果たしていけるかについては、地域連携のための部門を学内に整備し、行政との調整を図っていくなどして、総合的な支援につなげていくことが必要となってきます。

学生の立場からは、以上のような現状や複雑な背景については、理解しにくいところだと思いますが、少子高齢社会となった現在、こうした総合的な地域連携や支援に関与することによって、妊娠・出産前から子育て中の保護者や子ども、さらには高齢者まで多世代を巻き込んだ地域包括支援の意義と重要性について学ぶことができます。

(4) 地域連携における連携の仕方と留意点

①連携の仕方

では、養成校は実際にどのような仕方で地域連携に寄与できるのでしょうか。養成校自体も地域における資源として、施設や組織や人材・知財を有することを考え、養成教育を通じ、それらを保育・子育て支援の本質である、『人と人とがつながり、学び合い、支え合える』ような支援[7]に多様に生かしていくことができると思われます。

まずは、実習や授業、ゼミ活動などを通じた地域の保育・子育て支援にかかわる場との交流・協力が考えられます。実習担当教員や科目担当教員、ゼミナール担当教員や学生たちによって、たとえば、親子を対象とした遊びや活動の企画と実践、人形劇や紙芝居、ペープサート、音楽会などの実演発表や、保護者を対象とした講座やワークショップ、相談などが行われています。また、保育者や支援者のための講座や研修を行ったり、さらには共同研究へと発展させる試みも考えられます。その担当として、一部の教員が個別に行っている場合、複数の教員が協働して行っている場合、学科や専攻単位で組織的に行っている場合、学内にセンター等を設置して大学全体として行っている場合などがあります。

また、幼稚園、保育所等の就学前教育・保育施設や地域子育て支援拠点等における、保育ボランティアや保育インターンシップ等の実施を図っている養成校や自治体もあります。連携・協力が進んでいくと、教員は直接かかわらずに学生主体の部活動やサークル活動を通じて、こうした場や児童館等の公共施設に出向いていくことが活発に行われているケースが出てきます。反対に、行政の側から、こうした場への協力依頼や、自治体が行う子育

---

6) 平田祐子『ケースマネジメントによる子育て支援コーディネート』ミネルヴァ書房、2015年
7) 子育て支援プロジェクト研究会編『子育て支援の理論と実践』ミネルヴァ書房、2013年、p.6

て支援イベント等への事業協力依頼などが行われることもあります。たとえば、教員が保護者を対象とした講座の講師を依頼されたり、親子対象のワークショップを企画して学生とともに引き受けたりすることなどがあります。また、そうした会場として大学の施設や人（学生や教職員）を提供することもあるでしょう。

あるいは、大学が発信元となったり、活動を企画したりして、地域住民を積極的に学内に呼び込むことも考えられます。たとえば、図書館の絵本コーナーを公開して、地域の人々にも利用できるようにしたり、自治体と共催の子育て支援事業を実施したりします。この子育て支援事業は、単発の企画から、それを定期的に継続した活動、そして、地域に開かれた子育て支援の場（センター）の創設まで、さまざまです。学内に親子のためのひろばや、相談機能を有する子育て支援の場を創る4年制大学や短期大学は年々増加しています。その実施の仕方も、大学直営でなく、外部のNPO法人に委託したり、大学が別組織としてNPO法人を設立して実施したりするケースなどもあります。

②連携における留意点

①で述べたような多様な連携の仕方や現状に対して、養成校は、どのようなことに留意する必要があるかについて挙げてみます。

i. 地域連携を誰がどうやって担うのか

実習であれ、授業であれ、保育・子育て支援事業について、行政との連携を図りながら、地域資源を活用したり、養成校自身がひとつの地域資源として機能したりするために、養成校側がどのような体制で誰がその連携を計画し、実践していくのかという課題があります。必ずしも、学校全体での大掛かりな連携の仕方ばかりでなく、特定の教員が学生たちと一緒に地域の方々と手作りで行う良さもあるでしょう。また、志や体制や仕組みだけでは実践できないため、そのための時間や場所、予算をどうするかという問題が常に絡んできます。

ii. 地域特性をいかに理解するか

その地域の実情を知り、また、多様に行われている支援の実態や現状を理解することによって、保育や子育てに関して地域が抱える課題を理解する必要があります。そこから、その地域におけるニーズを把握したり、掘り起こしたりして、連携の可能性を探ることができるからです。教員も学生も、その過程で、地域連携の目的やねらいを常に協議しつつ、明確にしながら、その方向性を地域の方々と相互に理解して進めることが大切です。

iii. 地域資源にいかに出あうか

第1節(2)ですでに述べた内容と通じることですが、何にしても初めは志をもつ個々の人間同士の出会いを出発点とした人間関係が基となり、やがて個々の人間関係がつながっていくことによって、人の輪の連鎖が生まれるのではないでしょうか。施設や組織、関係者間の連絡調整は、連携・協働を創り出していくネットワークづくりには欠かせない動きであると言えます。そんななかで、新たな地域資源を発見したり、創り出していったりすることも考えられます。

iv.養成教育に実践をどう生かすか

養成校が、地域連携による保育・子育て支援実践を、教育課程・養成課程にどのように位置づけるかという課題もあります。ボランティア活動として位置づけるのか、単位化してカリキュラムに組み込むのか、あるいは、授業の一部として入れ込むのか、いずれにしても、各養成校の人材養成の理念に照らして、それらの実践を通じて学生たちにどのような実りや成果が期待され、人材養成に機能しているかということが問われてきます。

v.連携の内容や在り方をどう深めていくか

たとえば、次々と街ぐるみのイベントを実施することが地域の子育て力なるものを向上させるとはいえません。また、地域の活性化とはいい難い事態が生じかねないでしょう。連携・協力という名の下に、イベント企画への学生動員ばかりに偏らないように注意する必要があるのです。イベント疲れは、保護者の子育てにも共通することかもしれません。協力や依頼の関係は、どちらかが一方的に協力する、依頼するという関係に陥らないよう、面倒でも、打ち合わせや協議に、何のために、なぜ、という視点や姿勢を保つ必要があります。また、それぞれがもっている役割や専門性を理解し合うことも大切です。何がどこまでできるか、それぞれの可能性ばかりではなく、その限界や課題も認識しつつ進めることによって、親子や連携先の人々、また、学生・教員とが互いに育ち合うことができるでしょう。

vi.連携をどうやって継承・発展させていくか

その地域に一定の仕組みや仕掛けが根づき始めていったとしても、地域連携にとって重要な高齢世代のキーパーソンを失ったり、養成校でも役所でも人事異動が避けられなかったり、特に、教育組織・行政組織の改編が行われたりする問題が常につきまといます。地域連携も、一定の期間ごとに振り返りながら見通しをもって計画・実践していくことが求められているといえるでしょう。また、特定の人物の力量のみに頼るのではなく、役割を分担し、チームワークで進めていく必要があると思われます。そのことが、地域連携を継承し、発展させていく上で、有効に作用するはずです。

vii.情報をいかに届けるか、いかに守るか

最後に、最も支援を必要とする親子、すなわち地域住民に、必要な情報をいかに届けるかということと同時に、交流や実践によって知りえた子どもや保護者の個人情報を守ることにも留意する必要があります。連携によって、人間ばかりでなく、いろいろな情報が行き来し始めるとき、なお一層の配慮が必要となってくるでしょう。子どもの最善の利益を守ることは、養成教育において、学生は、繰り返し学んできていますが、留意すべき点として忘れないようにしたいと思います。

保育者養成校が、その地域でどのような役割を果たしていけるかは、保育や保育者の質の向上が叫ばれる現在、今後ますます問われてくることでしょう。地域に根ざした養成校に学ぶ学生として、地域のことを知り、地域に暮らす子どもたちや人々の幸せに貢献していけることを目指していきたいものです。

演 習 ③	地域のことを理解しよう

~地域資源の活用について考える~

★あなたの暮らす地域や養成校のある地域には、保育や子育てにかかわるどのような地域資源があり、何を学ぶことができるでしょうか。次の課題に取り組んでみましょう。

① 保育や子育てにかかわる地域資源（人や組織、場所や空間）には、どのようなものがありますか。思いつくものをできるだけ書き出してみましょう。

② 書き出したらお互いに発表し合い、自分で気づかなかった地域資源がないか、友達と知識を共有しましょう。

③ ①②の課題で見つけられた地域資源から、自分たちに連携できそうだと思うものを1つ選び、その子育て支援の場の具体的な内容や特性について調べてまとめましょう。
インターネット、雑誌や文献、訪問見学や職員へのインタビュー、電話問い合わせなど、可能な方法で情報収集を行って調べましょう。

④ ③で調べた結果を基に、どのような活動ができるか、以下の事柄に留意して計画してみましょう。表を参考にして、模造紙に書いたり、パソコン画面で作成してみましょう。

①活動名	⑦活動の規模（人数）
②活動の目的	⑧活動のために必要な打ち合わせ
③活動の対象	⑨活動に必要な準備・スケジュール
④活動で連携する相手	⑩活動にかかる費用
⑤連携方法や内容	⑪活動を支援する養成校の教員の役割
⑥活動場所、開催時間、回数など	⑫その他

⑤ 計画が実施できた場合は、実践記録を基にその体験を互いに発表し合い、振り返ってみましょう。また、実施できない場合でも計画を発表し合い、意見を交換しましょう。

81

第7章 保育・子育て支援の環境を構成しよう

1 保育・子育て支援における環境の意義

　保育において「環境」は、「環境を通して行う」ことが保育の基本であるといわれるほど重視されています。保育・子育て支援においても子どもの発達過程を踏まえつつ、親子もスタッフも安心して快適に過ごせる環境を構成することがとても重要になります。では、ここでいう環境とは何を意味するのでしょうか。

　この章では、活動の場に集う親子やスタッフ等の「人的環境」、その場に用意される遊具や素材、教材といった「物的環境」、さらに、物や人それぞれを個別にとらえるだけでなく、遊びのコーナーや保育室全体といった場を一つのまとまりとしてとらえた「空間的環境」と大きく三つに分けてとらえます。このように本章では三つの環境をそれぞれ説明していきますが、実際にはこれらの環境は相互に関連性をもっています。つまり、どの環境も保育・子育て支援の「環境」として大切であり、それぞれの環境を充実させていくことが、より良い活動につながっていくと考えられます。

2 保育・子育て支援における人的環境

(1) 人的環境とは

　保育・子育て支援の場における人的環境としてのスタッフは、学生や教員、免許・資格をもつ保育者（幼稚園教諭・保育士・保育教諭）などがまず思い浮かぶと思います。そのほかにも、事務的な役割を担う職員、万一ケガがあった場合に対応をお願いする保健師や看護師、さらには、地域の人たちがボランティアとして参加している場合もあるかもしれません。たくさんのスタッフがチームとしてかかわっている活動であることを理解する必要があります。

写真① 保育・子育て支援の場の様子

　また、参加する子どもや保護者も人的環境の一部です。子どもは子ども同士のかかわりの

中で、友達の様子を見て真似したり、一緒に遊ぶ楽しさを味わったりします。ときにはトラブルになることもありますが、スタッフが温かく見守り、状況に応じてかかわることで子どもは社会性を身につけることにつながります。保護者にとっても親子で参加することで、様々な場面で子どもの育ちを感じることができ、スタッフやほかの保護者のかかわり方を見て学ぶ機会になっているようです。また、保護者同士が仲良くなることにより、子育ての悩みなども気軽に話し合えるようになる姿が見られます。保育・子育て支援の場における人的環境では、スタッフの専門性やかかわり方が大切になるとともに、参加する誰もがその場で尊重され、子どもの成長を喜び合える相互関係が重要になると考えられるのです。

(2) スタッフとして参加する学生に求められるかかわり方

ここでは特に活動に参加する学生スタッフに着目します。保育・子育て支援においては、学生こそが重要な人的環境であり、子どもや保護者とより良い関係を築くことが求められます。

さて、子どもと実際にかかわることができる教育実習や保育実習と保育・子育て支援活動では何が異なるでしょうか。それは、保育・子育て支援活動では、保護者が常に参加している点が大きく異なります。しかし、実際の活動では、保護者と緊張して話せない、何を話してもよいかわからないといった声がスタッフからよく聞かれます。これは保護者と話す機会が少ない、いわゆる経験不足が原因の一つと考えられます。みなさんにとって保育・子育て支援の場は、親子と直接かかわることのできる数少ない場といえます。だからこそ、活動に積極的に参加し経験を拡げるチャンスとしてとらえることができるのです。

では、実際に親子とかかわる際、どのようなかかわり方が大切になるでしょうか。次にポイントを挙げて説明していきます。

①親子との関係をつくることができる

子ども一人ひとりの思いや願いを大切にしてかかわると同時に、保護者にもまずは笑顔であいさつや受け答えをしっかりと行いましょう。親子と一緒に遊びや活動を楽しむことも大切です。学生がわが子と楽しそうに遊んでいる姿を見て、保護者は子育てに向かう力をもらうことがあります。遊びが保護者や学生の緊張をほぐし、関係をつくるきっかけとなることが多くあります。保護者と一緒に子どもとかかわれるこ

写真② 保護者との会話

と、それがこの活動に参加して得られるみなさんのやりがいにつながります。

②親子から学ぼうとする姿勢をもつ

　保育・子育て支援では、みなさんが保護者の相談に答えたり、子育ての情報を伝えたりすることは難しく、実際にはこのような役割は期待されていないことが多いでしょう。では、みなさんが活動に臨むにあたり何が大切になるかというと、親子から学ぶという姿勢です。保護者はいわば子育ての先輩です。保護者が子どもとどのようにかかわっているのかをよく見ること、話をしっかり聞くことを通して、親子から多くのことを学び取るという姿勢をもつ必要があります。

写真③　親子の遊びを見守る

③親子関係をよく観察する

　活動に参加する多くの学生は、子どもと遊びたい、保護者とコミュニケーションをとらなければとまず考えると思います。ただ、より良いかかわりのためには、まずよく観察することが基本となります。もちろん観察はただ見ているといったことではなく、「何を観るのか」という視点をしっかり考えてテーマを設定し、その観察を通して「何を得たのか」を省察することが求められます。子どもの遊びや親同士のかかわり、親子の関係性などを観察するなかで、「いま、ここ」での親子の思いや願いを把握し、自分に何ができるかを考えることが大切になります。

④チームの一員としてスタッフ間の連携ができる

　保育・子育て支援には、学生や教員、免許・資格をもつ保育者など多くのスタッフがかかわっている場合が多くあります。常に活動の目標や親子の様子などを話し合い、スタッフ間で共通理解を図ることが求められます。学生もチームの一員として、自分に求められる役割を自覚する必要があります。教員や保育者の指導を受けて学びを深めるとともに、話し合いなどでは自らの意見をもち、積極的に発言しましょ

写真④　活動計画立案のミーティング

う。そのためには誰もが話しやすい雰囲気をつくることが大切です。教員が雰囲気づくりに気を配る場合もありますが、異なる学年が参加している場合など、上級生が話しやすい雰囲気をつくり、お互いの役割や立場を理解し尊重するかかわりを心がけましょう。

⑤これまでの学びと活動を結びつけ、今後の学びにつなげることができる

　これまでの授業や実習の学びを保育・子育て支援活動に生かすことが大切になります。保育原理、子どもの発達や心理、保育内容や方法、音楽・造形・体育、子育て支援に関する学びなど、これまで学んできたことがきっと活動に生かせるはずです。さらに、学んできたことをそのまま行うだけではなく、状況に応じて変化させていく、つまり、親子に応じたより良いかかわりを考えていくことが大切になります。そのためには自らの活動を振り返ることが大切です。自分や他者の記録や写真や映像などを用いて活動を振り返り、次の活動への気づきを得て、改善に努めることが求められるのです。

3　保育・子育て支援における物的環境

(1) 物的環境とは

　物的環境とは、子どもをとりまく施設や設備、遊具や用具など、さまざまな「物」を示している場合が多いですが、ここではとりわけ子どもたちや保護者のために用意する玩具や素材、教材のこととして見ていきます。子どもたちは初めて訪れる保育・子育て支援の場において、保護者の存在を支えとしながら徐々に周囲のものへ興味を示し探索を始めます。感触、重さ、音、色、動きなど、子どもたちは「もの」との出会いを通して様々な発見をし、楽しさや喜びを味わいます。うれしい、楽しいという気持ちから子どもたちはものとかかわった遊びに熱中し、そこから多くのことを学び成長していきます。子どもたちが自ら遊びに向かい、熱中できるような物的環境を整えることは、活動にかかわるスタッフの重要な役割です。

　では、どのように物的環境を整えることが、子どもにとってより良いのでしょうか。また、保育・子育て支援の場は、子どもだけでなく、保護者にとっても楽しく、居心地のよいものにしていかなければなりません。これらの点を踏まえ、保育・子育て支援活動において物的環境を整えていく際に重要なことを記していきます。

(2) 物的環境を整えていく際の考え方

　保育者は、安全面や衛生面に配慮しつつ、今現在の子どもの姿（心身の発達状況、興味や関心など）と、子どもの姿をもとにした保育者の願い（どのような経験をして、どのような姿に育ってほしいのか）とをあわせて物的環境を整えます。保育・子育て支援活動では、さらに、保護者にとっても楽しく魅力的で、家庭でも応用できるようなものを用意することを心がける必要があります。では、具体的にどのような点に配慮して物的環境を整えていけばよいのでしょうか。

①子どもが主体的、意欲的にかかわれるもの

　i. 子どもの発達から考える

　物的環境を整えていく上で、子どもの発達状況を踏まえて考えることは最も基本的なことです。たとえば乳児であれば、寝転がった姿勢が中心か、お座りができるのか、自力での移動が可能かといったその子どもの発達に応じて用意すべきものは大きく異なります。子どもが何でも口に入れて確かめる時期にある場合、誤飲の危険性のある小さな玩具は出すことはできません。また、子どもの手指の巧緻性を考えたとき、つまむことはできますが、離すことはうまくできないということもあります。

　このような子どもたちの発達状況を十分に理解し、適切な玩具や素材、教材を選ぶことで、子どもはとまどいや困難感なく自ら物にかかわり楽しむことができます。

　また、保育・子育て支援の場では、保護者が家庭で見ているわが子の姿と異なる姿が見られる場合があります。その場に用意されている多様な遊具や素材で遊ぶことや、物を介して友達とかかわるなかで、保護者は子どもの新たな一

写真⑤ 初めてのスタンプ遊び！

面を知ることができるのです。さらに、子どもの発達に応じた「もの」を提示することは、家庭で子どもとかかわる際に使いたいと思うような「もの」を示すことにもつながると考えられます。

　ii. 子どもや保護者の興味や関心から考える

　子どもたちは一人ひとり、興味や関心や好みが異なります。電車や車に興味のある子、ままごと遊びが好きな子、身体を動かすことが好きな子など様々です。また、同じ遊びといえども、子どもたちがみんな同じことを楽しんでいるとは限りません。たとえば、同じ電車が好きな子どもでも、「電車の形そのものが好き」なのか、「線路を作ることに興味がある」のか、「電車同士を連結させることがやりたい」のか、個々に遊びの中で重きを置いている点が違うことがあります。津守（1999）は、『子どもの行動は、子どもが心に感じている世界の表現である』[1]と述べています。子どもたちの遊びに丁寧に向き合い考えていくことは、その子自身の内なる世界やその子自身が向き合っている課題をうかがい知ることへとつながります。

　子どもたちの遊びをていねいに観察し共に遊ぶなかで、子どもたちがその遊びの中で何を本当に望んでいるのかをとらえ、その遊びを充実させるためにはどんな工夫ができるのか考えていくことが大切です。

　また、保育・子育て支援活動の場に参加する保護者も、それぞれに異なる興味や関心をもっているものです。子どもたちにどんな経験をしてほしいのか、子どもと一緒にどのように過ごしたいのか、ほかの保護者やスタッフとどのようにかかわりたいのかなど、それぞれの保護者の興味や関心について、ていねいに耳を傾ける必要があります。その上で保

1) 津守 真、他 著『人間現象としての保育研究 増補版』光生館、1999年、p.24

護者と共に考えながら物的環境を整えていくことも、保育・子育て支援を行うスタッフの重要な役割といえます。

②子どもの感性に働きかけるもの

i. 季節や自然を感じられるものから考える

受付など、親子が必ず通る場所に少しその季節のものを置くだけでも、興味をもって触っている子どもたちの姿が見られます。受付で子どもたちの興味や関心を集めたものは、その後の遊びにも取り入れられやすくなります。たとえば、ドングリや木の実などは、制作やままごと遊びにも応用しやすいものです。子どもたちは自然のものに触れながら遊ぶなかで、自分たちなりに様々な発見をしています。感

写真⑥ 季節の植物を使って粘土遊び

触、匂い、構造といった点で、自然の中に存在するものは人工的なものよりも、子どもたちの好奇心や感性を刺激する何かがあるのかもしれません。アメリカのベストセラー作家であり、海洋生物学者でもあったレイチェル・カーソン（1996）は、『自然は、ふさぎこんでいるように見える日でも、とっておきの贈り物を子どもたちのために用意しておいてくれます』[2]と述べています。また保護者にとっても、保育室という環境に季節のものを取り入れることで、忙しい日常の中ではなかなか意識しにくいものをあらためて感じ、子どもと共有するよい機会になります。

ii. 音楽、造形、運動といった「表現」を楽しむものから考える

子どもたちは音楽、造形、運動といった表現遊びを通して、音、色、感触、全身の動きなど、五感を使って楽しみます。様々な楽器や、絵の具、マットなどを用いたダイナミックな遊びは、家庭ではなかなか取り入れにくいものです。子どもたちは、このような自己を表現できる遊びを通して豊かな感性を培っていきます。

また、子どもたちだけでなく、大人も開放的に遊べる場や環境をつくりましょう。身近な大人の楽しい雰囲気は子どもたちにも伝わります。保育・子育て支援の場だからこそできる親子での表現遊びを、保育者も環境の中に意識的に取り入れていくことが大切です。

4 保育・子育て支援における空間的環境

(1) 空間的環境とは

空間的環境とは、物や人それぞれを個別にとらえるのではなく、遊びのコーナーや保育室全体といった場を一つのまとまりとしてとらえることを意味しています。保育者は、空間という意識をもつことで、活動に参加する人や「もの」との相互の関係性に目を向ける

---

[2] レイチェル・カーソン著、上遠 恵子 訳『センス・オブ・ワンダー』新潮社、1996年、p.18

ことができます。本節では、空間的環境に焦点を当てて、具体的にどのように環境を整えれば良いかを見ていきます。

(2) 空間的環境を整えていく際の考え方

①親子を出迎える「入口」の大切さ

親子が、最初に入る場所は「入口」です。保育・子育て支援活動に参加する親子は、特に初めての活動日、どんな大人や子どもがいるのか、どんな部屋なのか、どんな玩具があるのか、想像できないまま活動の場に入ります。入口は、活動への期待や楽しみ、あるいは、緊張や不安といった様々な感情をもって入室する親子を温かく迎える場所であるべきです。入口からは、手前はもちろんのこと、部屋の一番奥まで見渡せることが大切です。奥まで見えることで、「面白そうなものがあるな」「この部屋は入っても怖くないか」などと、親子が安心感をもって活動をスタートすることができます。

写真⑦ 親子を迎え入れる入口

②遊びや活動のコーナーの配置とその役割

活動の場に無造作に玩具等を点在させておけばよいわけではありません。子どもの活動の一貫性や連続性を大切にし、十分に遊びを楽しんでもらうためには、保育者は意図をもってテーマやねらいを定めたコーナーをつくることが必要になります。ここでいうコーナーとは、保育者が取り組んでほしい遊びや活動を子どもの発達に応じて予測し、そのために適切な遊具や素材などを用意した空間を意味します。おままごとコーナーや音楽コーナー、お絵描きコーナー・積木コーナーなど様々なコーナーが考えられます。それぞれのコーナーで展開するであろう遊びや活動の特性を十分に把握しておきましょう。

また、コーナーは、家庭や社会における生活とのつながりを意識してつくりましょう。たとえば、様々な食材、お皿やコップ、お鍋などキッチン用具が置かれたままごとコーナーでは、子どもや大人も料理や食事の疑似体験を容易に楽しむことができると同時に、実際の食材やキッチン用具に対する子どもの興味・関心を喚起することができます。

写真⑧ ままごとに熱中する子ども

さらに、コーナーをつくり出す際には、各コーナーが静と動のどちらの空間であるかを把握し、静と動の空間を分けることが重要となります。たとえば、子どもがお絵描きをしている姿を想像してみましょう。紙に向かってクレヨンで何かを描く空間は、ゆっくりとした時の流れの中で自分の気持ちを表現する静の空間です。一方、大型ブロックを積み上げたり、崩したりする空間は、大きな音が出たり、身体をダイナミックに動かしたりする動の空間です。子どもの動きや活動の特性を考慮し、安全面を配慮しつつ、静の空間と動の空間の距離感を考えて配置することが大切です。また、親子で参加することを考えて、保護者が子どものことを見える空間の配置や、保護者も活動に参加できる十分なスペースを確保することが大切になります。

③子どもの目線に配慮した空間

保育・子育て支援活動では、活動の場全体を一つの空間としてとらえ、子どもの目線から空間を考えることが大切です。誕生してから、家庭以外の環境で過ごす経験が少ない子どもたちが安心して過ごせる環境は、第一に保護者が同じ空間にいること、第二に家庭と似た温かさをもった空間です。

まず、空間の高さに気を配ることが考えられます。天井があまりにも高い場所では、家庭と

写真⑨ 子どもの視線から見る活動の場

の違いで子どもが不安を抱いたり、声が響きやすくなる場合もあります。逆に天井が低すぎると圧迫感を与えてしまいます。このような場合、天井に天蓋などをかけて高さを調整する配慮が考えられます。物理的な高さの調整が難しい場合は、モビール等を吊るして、見上げたときに心地よさを感じてもらうなど、空間を楽しんでもらう工夫が大切です。

また、おままごとやお絵描きなどのコーナーを区切るための仕切りの位置や高さも配慮すると良いです。子どもがおままごとやお絵描きを座って行っていると、目線がとても低い位置になり、空間全体を見渡すことができなくなる場合があります。このような場合、他児や保護者が視界に入るように工夫をします。スタッフは活動の場をつくる際に、子どもの目線になるようにしゃがんでみたり、イスに座ってみたりして、子どもの立場になって安心できる空間環境づくりを心がけなければなりません。

さらに、子どもの目線が下から上に向かう時期には、活動の場の段差なども空間的環境としての意味をもちます。時には意図的に大型遊具や舞台などで段差をつくることもあります。保護者や保育者の介助のもと安全面に配慮しつつ、子どもは体全体を使って段差の昇り降りに挑戦することができます。ほかにも、山に見立てて頂上までピクニックに出かけたり、高いところから保育室全体を見渡したりすることもあります。家庭の住宅環境を考えるとほとんど段差がなく、親子にとって保育室に段差があることは、新鮮な経験となる場合もあります。

(3) 保護者のための空間の配慮

　養成校で行われる保育・子育て支援活動は、子どもだけでなく、保護者の存在も欠かせません。幼稚園・保育所・認定こども園での一般的な生活とは違い、活動中は親子が同じ空間で過ごすことがほとんどです。「保護者から離れず一緒に遊ぶ」「保護者のもとと遊びのコーナーとの間を行き来する」「保護者から離れながらも、どこに保護者がいるかを常に確認しながら遊ぶ」「保護者から離れてずっと遊ぶ」など、親子の様子はさまざまです。このような状況を想定して空間を構成する視点も欠かせません。

　そして、保育・子育て支援活動は、保護者のための活動であることも忘れてはいけません。子どもが安心して遊ぶためには、保護者が環境に対して安心感や信頼感をもち、保護者自身も楽しさを見いだせるような環境であることが大切になります。保護者がゆったりとくつろげるスペースを用意し、そこからも保育室の全体や子どもの様子を見ることができ、保護者同士の会話や、スタッフとの会話が生まれるような環

写真⑩ 保護者やスタッフで交流する

境づくりが求められます。さらにスタッフは、保護者もスタッフもリラックスして活動に参加できるように、あらかじめ、保護者との話のきっかけとなる言葉を考えておきましょう。それには次のようなかかわり方が考えられます。「元気よくあいさつをする」「目の前で遊ぶ子どもの様子を保護者と共有する」「スタッフが感じた子どもの様子や育ちを伝える」「自宅での遊びの様子を尋ねる」「保護者が話しやすい雰囲気をつくる」「保護者の話をじっくり聞く」「活動への希望や要望をうかがう」、などです。

5　関係をつなぐ環境の特性とは

　環境にはそれぞれ特性があり、参加する親子に与える影響も異なります。たとえば、固い玩具より柔らかいぬいぐるみなどの方が安心感をもたらす特性があるでしょう。また、絵本やお絵描きを行う静的な空間では、親子が心を落ち着かせることができ、一方で、運動遊びや音楽遊びなどができる動的な空間は、解放感やダイナミックな動きを引き出すことができます。このように環境がもつ意味や機能が、直接的に親子に影響することが考えられます。そのため保育者は、環境が親子に与える影響をよく吟味する必要があります。

　以下、環境が与える影響について、人と人との関係や家庭と保育・子育て支援の場との間を「つなぐ」機能を取り上げます。

(1) 人と人との関係をつなぐ

　人と人とのつながりは、いわゆる肯定的なかかわりだけで成立するとは限りません。保育では、子ども同士のトラブルも人間関係を形成するひとつの機会として考えられます。子どもたちは、最初は自分たちの興味に従いお気に入りの遊具や素材を見つけようとしますが、次第に同じもので遊ぶ他児のことを意識しはじめます。このようなとき、お互いに同じものを使いたい気持ちが衝突し、取り合いに発展することもあります。しかし、子どもたちは、そのような経験を通して徐々に友達とのかかわり方を学んでいくのです。保護者は一般に子ども同士のトラブルは否定的なものであるととらえ、できるだけ避けたいと思うものです。しかし、このようなできごとを通しての子どもの成長に気づくことは、保育・子育て支援活動以外でのかかわり方にも大きく影響すると考えられます。

　また、物を介した遊びは、保育者と子ども、保護者と子どもをつなぎます。たとえば、人見知りをしているような子どもには、直接保育者が話しかけるより、ぬいぐるみなどを介してかかわった方がよい場合があります。筒状の玩具を通して、お互いにのぞき合い目が合ったときは、普通に目が合う以上にうれしい気持ちを共有できることもあります。さまざまな物を介した遊びを親子ともに経験することで、家庭での遊びの幅も広がることが考えられます。

　さらに、環境が保育者と保護者とをつなげる効果もあります。手作りの玩具や保護者にとって見慣れない玩具などは「これどうやって作ったんですか？」「これ何ていう玩具なんですか？」と保護者の方から保育者に話しかけるきっかけになることも多くあります。話し合いが広がれば、相互にさまざまな情報を共有し、子どもの育ちに活かしていくことができるようになるでしょう。保育者にとっても保護者にとっても、環境を工夫することで、お互いの緊張感を和らげる効果が発揮される場合があります。

(2) 家庭と保育・子育て支援の場とをつなぐ

　子どもも大人も初めての場所に参加するときには不安を抱きやすいものです。しかし、そこに家庭でも慣れ親しんだ玩具や絵本などがあれば、それだけでその気持ちは少し和らぎます。事前に家庭で遊んでいる玩具などをうかがい用意することで、家庭と子育て支援の場との間につながりが生まれます。事前に知ることが難しい場合でも、一般的に家庭で親しまれている玩具などを取り入れておくと、親子が無理なく環境になじむことでしょう。

　さらに、保護者が保育者のアイディアあふれる環境に触れることで、さまざまな遊びや活動があることを知り、家庭での子どもの遊びに取り入れることもあります。保育・子育て支援の場で新たな遊びに触れる子どもの姿を見て、「こんなに○○遊びが好きなんて知りませんでした。家でもやってみようかと思います」という保護者の声が聞かれることもあります。たとえば、作り方の資料を配布するなど、積極的に家庭での遊びへつなげていくことも保育・子育て支援の活動の一つになります。

演習 ④ 環境を構成しよう
～親子が楽しく過ごせる空間をデザインする～

★保育・子育て支援活動を行う保育室の環境構成について考えましょう。

① Aの条件を読んで、保育室の環境図を立体的に作成してみましょう（拡大コピー可）。

A	1 手前が入口面、入口側の壁は作成しなくてよい。また、窓や柱などは特に考慮しなくてもよい。 2 おおよそ1〜3歳児の親子10組の保育・子育て支援活動の環境を設定すること。保育室の広さは10×15m。 3 物的環境として子どもの年齢や発達、興味・関心を考えて遊具や素材を配置すること。 4 空間的環境として遊びや活動のコーナーを配置し、活動の動線などにも配慮すること。 5.保護者のための空間の配慮を考えること。

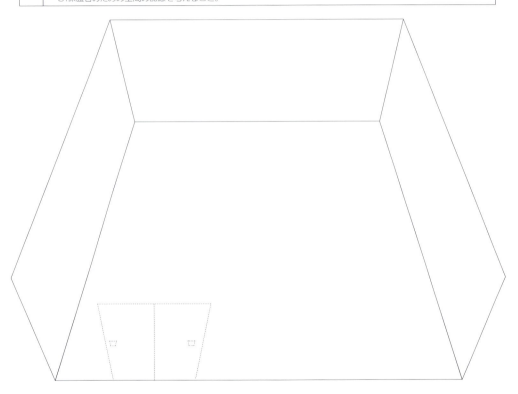

② 作成した環境構成のねらいや工夫した点などを書き出してみましょう。

第8章 遊びの中で出会うことを知ろう
~保育・子育て支援におけるかかわりを考える~

1 保育・子育て支援と遊びの世界

　学生と教員が力を合わせてつくる、保育・子育て支援の世界。みんなで話し合い、楽しみながら、さまざまな工夫をして準備することと思います。その日を迎え、何よりも嬉しいことは、子どもたちが生き生きと遊び、心から楽しんでくれることではないでしょうか。

　また、保護者のことを考えてみると、保育・子育て支援の場を訪れて保育者・支援者と話したり、保護者同士思いを分かち合ったりすることも楽しみの一つではありますが、何よりも、自分の子どもが幸せに遊んでいる姿を見ること、それ自体がうれしい体験になることでしょう。それに、生き生きと遊ぶ子どもたちは、まわりの大人たちの心にうるおいを与える力をもっています。当たり前のように見えても、子どもが遊ぶというそのこと自体が、支援的です。

　子どもたちが心ゆくまで遊びを楽しみ、「今日ここに来て本当によかった」と思えるような場をつくることが、保育・子育て支援の第一歩です。

　そこで本章では、保育・子育て支援の場において、遊びをどうとらえるかについて考えたいと思

写真① 子どもたち・保育者とともに

います。保育者・支援者が遊びをどうとらえ、どうかかわるかによって、実際の保育は変わってきます。

　ここでは人間学的保育学の観点から、遊びについて論じます。いま、ここで人間学的保育学と名付けたのは、何かムツカシイ理論というよりは、人と人としてありのままに子どもたちと出会い、共に楽しみ、成長する姿勢を意味しています。ムツカシイ理論ではない代わりに、たいへん奥の深い世界です。日本の保育を創り上げてきた、倉橋惣三[1]、津守眞[2]らの思想がこれにあたります。詳しくはそれぞれの著書を参考にしていただきたいと思います。ひとまずここでは堅苦しい理屈などは抜きにして、ありのままの子どもの姿から出発することにしましょう。

---

1) 倉橋惣三（1882～1955）…東京女子高等師範学校（現：お茶の水女子大学）付属幼稚園の主事（園長）・『幼児の教育』編集主幹を長く務め、戦後は日本保育学会の設立に携わった。主著『育ての心』『幼稚園雑草』ほか。
2) 津守眞（真）（1926～）…倉橋惣三の思想を継ぐ人間的な保育と発達の研究を進め、のちには自ら障碍をもつ子どもたちの保育に携わった。お茶の水女子大学名誉教授、愛育養護学校顧問。主著『子ども学のはじまり』『保育者の地平』ほか。

2 子どもと出会う

(1) ある日の遊びの場面から

　筆者はよく、幼稚園や保育園の子どもたちと一緒に遊んでいるので、その体験を基に、遊びについて具体的に考えてみたいと思います。

　ここで取り上げるのは保育園の何気ない日常の一場面であり、保育・子育て支援の場そのものではありません。何か特別な例というよりは、「幼い子どもたちと遊ぶって、こんな感じだなあ」と受け止めてください。保育・子育て支援との関連では、遊びの中で子どもたちにどう応えるか、遊びの環境をどうつくるかなど、身近に考える材料になるでしょう。

いつも訪れている、1・2歳児のクラスにて

　部屋に入るとAちゃんが笑顔で、とてとて…と寄ってきてくれました。Bちゃんは、お手玉をいっぱいに入れた器を持ってきてくれて、集まってきたみんなとの遊びが始まりました。

　左写真　Aちゃんが、かばんやリュックに手作りおもちゃをいっぱいに入れ、小さな体にいくつも背負い込んでうれしそうに私の膝に乗りにきたので、抱きとめたところです。右手に座っているCちゃんは、私が腕に抱えている赤ちゃん人形のお世話をしながら、Aちゃんのかばんにも興味をもっています。手前のD君は、クラスの中では体が大きくなってきた元気な男の子で、逆立ちの練習を私に見せてくれています。そこにBちゃんがアイスクリームのメニューを持ってきてくれたので、私も一つ注文させてもらいました。

　右写真　今度はBちゃんがEちゃんと一緒に、布をかぶって「お化けだぞー」とやってきます。絵本を読んでいた私たちもびっくり、ひきつけられて、布を引っぱったり、「あ、お化けかと思ったらBちゃんだった！」と驚いたりして楽しみます。

こんなふうに自由な遊びが展開するなかでは、それぞれ別々のことをしているように見えても、一緒にいて遊ぶ楽しさが、みんなの心をつないでいるものです。一方で、物の取り合いなども起こってきたりして、どこかしら遊びが散漫に感じられる瞬間もありました。ちょうどあたりにウレタンブロックが散らばっていたので、私が少し並べかけると、Bちゃんがすぐに飛びついて、一緒にブロックを運んでくれます（写真

写真② 遊びの環境を一緒につくる

②）。そのあとは、二人で相談しながら並べていきました。相談といっても、言葉ではなく、一緒にブロックを持っている感触で、こうしようか、ああしようかが伝わってくるのです。そうして大きな道ができ上がってくると、みんながやってきて、手をつないで一緒に渡ったり、ジャンプしたりと、また楽しい遊びが広がっていきました。

(2) 遊びの中で子どもたちにどう応えるか

　保育の場では、一瞬のうちにも無数のことが起こっています。子どもたち一人ひとりに、それぞれの思いがあり、やりたいことや心の流れがあります。そんな思いを筆者に投げかけてくれるとき、筆者はうれしく思いますし、どの子のことも筆者なりに受け止め、応えたいと思います。

　心の動きは自由なものであって、あらかじめ計画しておくことはできません。とくに子どもが生き生きと遊んでいるときには、私たちにとっては予想外のできごとが飛び込んできて、驚かされることもあります。しかし、何もかも予定通り、わかりきったことではなく、新しいものに出会うからこそ、楽しみや喜びが生まれてくるというものでしょう。

　たくさんの子どもたちに応えるとき、保育者は心もそれぞれの子どもに向けていますが、それだけでなく、表情や手、膝や背中、体全体を使っています。「次はこのように手を動かして…」などとねらっているわけではありませんが、その場に身を置けば、みなさんの心も体も自然とそのように動くでしょう。保育する心も体も、子どもたちが引き出してくれるように思います。

　一人ひとり、それぞれの思いがあると言いましたが、全部がばらばらなわけではありません。充実した遊びの空間が生まれるときには、目に見える活動の次元というより、楽しさや一緒にいるうれしさによって、みんなの心がつながっています。保育者がそこにいることによって、またふさわしい環境をつくることによって、充実した遊びの空間を生み出せればと思います。

　エピソード１の最後にはブロックの道ができて、みんなで一つの遊びを共有した形になりましたが、そのなかでも一人ひとりの楽しみ方はさまざまです。一人ひとりの個性や表情に目を向けてみれば、そこにはいつでも新たな発見があることでしょう。

(3) 遊びの環境をどうつくるか

　この保育園には、子どもたちの発達や、今の興味に合った遊具がたくさん用意されており、子どもたちが自由に使えるよう配慮されています。こうした自由な環境は、物だけでなく、園の先生方が子どもたちを受け容れる優しさに支えられています。保育現場には、子どもたちがあらゆる可能性を発揮して遊べる環境がつくられていますから、保育・子育て支援の環境をつくる際にはとても参考になるでしょう。

　たとえば布一枚あるだけで、あるときはお化けに、あるときはおしゃれなスカーフに、お弁当の包みに…と、子どもたちの遊びはどこまでも広がります。遊びの環境は、そのときの子どもたちの思いによって、新たに生かされるものです。保育室の中のどんなものも、決まった遊び方しかしてはいけないわけではありません。むしろ子どもたちに使ってもらうことによって、こんな遊び方があったんだと、私たち大人も発見させられることがたくさんあります。

写真③ マントをまとってステージの上へ

　また、遊びの環境は保育者があらかじめ子どもたちのことを考えて用意していますが、必ずしも不変のものではなく、そのときその場の子どもたちの状況に応じて、新たに創られていくものでもあります。このエピソードでは、ブロックの道をつくったことが、みんなの新しい遊びへとつながっていきました。

写真④ 幾重にも包んでくれる

　そうした臨機応変な環境づくりも、保育者が勝手に考えるのではなく、子どもと共に進めていけばいいのだと、私はこの日、気づかされました。保育とは、保育者だけですることではなくて、子どもを信頼し、子どもの力を得て進められる営みだと思います。

　環境を与えられるだけでなく、自分自身の力を入れてつくった場所で遊べることは、その子にとって「自分の場所」を確かにすることにもつながります。津守眞は、『そこが自分の場所であるという存在の確かさの感覚は人間的成長の基盤である』[3]と語っています。保育・子育て支援の場も、その子と保護者にとって「ここに来てよかったなあ」という場所になることが、何より大切でしょう。

　エピソード１の最後に、筆者がブロックを並べ始めたのは、何となく散漫な雰囲気を感じたのがきっかけでした。その場の雰囲気というものも、直接目に見えるわけではありませんが、遊びの環境の一つです。雰囲気とは、号令や指示によって直接変えていくことなどできないものです。そこには、普段から保育者が遊びの場をどう支えているかが反映されています。想像力ある遊びを通して、また子どもたちの心を支えることを通して、温かく調和した雰囲気をたたえていきたいと思います。

---

3) 津守 眞（真）「教育學研究 Vol.69、No.3「保育の知を求めて」」日本教育学会、2002年、pp.357-366

第8章 遊びの中で
出会うことを知ろう

3 保護者を支えるということ ― 遊びの世界の中で

これまで、子どもたちとどう遊ぶかについて考えてきましたが、次に、遊びの世界と保護者支援との関係を取り上げます。

本書における保育・子育て支援の場は、保護者と子どもが一緒に訪れるのが特徴です。そこで行われる保護者支援は、保護者にだけ来てもらって子育ての悩みを相談するというよりは、やはり子どもたちが遊ぶ空間で、自然と行われることが多いでしょう。

遊びの世界の中で行われる保護者支援について、ここでも保育園の例を紹介しましょう。保育園で行われることのすべては、保護者支援の一環でもありますから、やはり参考になることが数多くあります。

(1) 新入園期の保護者支援から考える

多くの保育園では、入園してすぐ、がらっと生活が変わるのではなくて、少しずつ園に慣れていく期間をとっています。ある保育園の0歳児クラスでは2週間をかけて、まずは子どもと保護者が園で一緒に過ごす時間をもつところから始めて、少しずつ保護者と離れて過ごす時間も延ばしていくようにしています。この「慣らし保育」の時期に、子どもも、保護者も、この園のことを、生活の実感と体験を通して理解していくわけです。筆者たちはこの園を訪れ、新入園期についての観察研究を行いました。

保育士が園での生活を説明したり、母親が日々気にかかっていることを話すのも、保育室の中で、子どもたちが遊ぶ生活の中で行われていました。眠くなった子どもを母親が抱きかかえながら話すことも、また親子のミルクの時間を保育士が優しく見守っていることもありました。日常の生活を共にするなかで、親しみと信頼関係が築かれていきます。保育士にとっても、いつもこんなふうにしてもらってるんだな…と、子どもと保護者を理解する時間になっています。こうした「支援」は、子どもたちが遊んでいる保育室の中で行われていました。いくつか例を挙げてみましょう。

①保育室で展開する保護者支援の様子[4]

○ 安心感の広がり

お母さんが子どもを膝に乗せ、保育者と話しているときのこと。その子は保育室のおもちゃに興味をもったようで、お母さんの膝を離れて、自分から遊び始めました。

○ 親しさの広がり

新しく入園する子どもと夫婦がやってきたときのこと。お父さんとお母さん、それぞれの膝に、先に入園している子どもたちがやってきて甘えることもありました。もうすぐクラスメイトになるその子たちを、二人とも上手にあやしてあげていました。

---

4) 伊藤美保子・西 隆太朗・宗髙弘子「一人ひとりを大切にする保育（2）― 0歳児の入園期に着目して―」『ノートルダム清心女子大学紀要 人間生活学・児童学・食品栄養学編』Vol. 40 No. 1、2016年、pp.76-85

○子どもの優しさ

　新入園のお母さんが保育者と話し合っていると、先に入園している子どもがやってきて、持っていたおもちゃを「どうぞ」というように手渡してくれたので、みんなが笑顔になることもありました。

○保護者にとっての体験

　慣らし保育の時期について保護者にインタビューしたところ、次のように語ってくれました。

　　保護者「家にいるときは、家事をしながら子どもを見ている時間も多かったと思います。園での慣らし保育の時間は、この子といられる確実な時間として、大切に過ごそうと思います。かえって落ち着いて子どもと向き合える気がします。自分自身にとっても、これから仕事に復帰するんだなという思いを新たにする、大事な時間になると思います」。

②遊びの空間の大切さ

　前節でも触れましたが、ここでも同じことがいえるでしょう。直接かける言葉もとても大事ですが、それだけでなく、支援の場が「ここにいるとほっとする」「ここならやっていけそう」と思える空間になればと思います。堅苦しく考えなくても、子どもたちが安心して過ごせるなら、その子らがおもしろいことをしたり、くっついてきたり、ときにはトラブルに呼び寄せられて一緒にかかわるなかで、大人の心も自然とつながれていくでしょう。

　子どもたちが和やかに遊ぶ空間は、大人の心をも癒す力をもっています。先に保育は子どもの力を得て行われると述べましたが、保護者支援にも同じことがいえるでしょう。

　少し違った場になりますが、たとえばカウンセリングで保護者の相談を受ける場合も、やはり同様のことがいわれています。言葉で何かアドバイスするよりも、どんなことも聞いてもらえる安心感や信頼関係があることが、その人を支えます。子どもたちのカウンセリングでは、問題について話し合うよりも、遊びを通して自由に表現することが、その子の心を癒す力になります。

(2) 人間的な視野から支援を考える

　先の例に挙げた保護者のコメントからは、母として、また職業人として生きること、子どものことを大切に思うことが、どういうことなのか、私たちも学ばされる気がします。子どもを育てるということは、日々の生活の問題でもありますが、保護者自身の人間としての在り方、アイデンティティの問題にもかかわることでもあります。

　ともすれば「支援」という言葉は、問題を抱えて沈んでいる人を引っぱり上げるような、どこか「上から目線」でとらえられがちです。しかし、実際の支援とは、そういうものではないでしょう。どの子どもも、どの保護者も、懸命に生きているし、それぞれの人生の時季に応じて自分のアイデンティティを築いていきます。私たちも同じです。遊びの空間の中で、共に楽しみ、考えるとき、私たちも多くのことを教わることでしょう。

演習 ⑤ 遊びの中で出会うことを知ろう
～保育におけるかかわり方について考える～

★次の倉橋惣三の詩を自分の体験と照らし合わせて考えながら読み、①〜④について取り組んでみましょう。

「飛びついてきた子ども」

　子どもが飛びついてきた❶。あっと思う間にもう何処かへ駆けていってしまった。その子の親しみを気のついた時には、もう向こうを向いている。私は果たしてあの飛びついてきた瞬間の心を、その時ぴったりと受けてやったであろうか❷。それに相当する親しみで応じてやったろうか。

　後でやっと気がついて、のこのこ出かけていって、先刻はといったところで、活きた時機は逸し去っている。埋めあわせのつもりで、親しさを押しつけてゆくと、しつこいといったようの顔をして逃げていったりする。其の時にあらずんば、うるさいに相違ない。時は、さっきのあの時であったのである。

　いつ飛びついてくるか分からない子どもたちである。

（倉橋惣三 著、津守 真・森上史朗 編『倉橋惣三文庫③「育ての心（上）」』
フレーベル館、2008年、p38　より）

---

① 　自分の体験で下線❶のような状況が自分の体験でなかったか考え、その時の子どもの気持ちや自分のとった行動、思いを整理してみましょう。

② 　①で整理したことをグループの中で発表し合い、それぞれほかの人の立場になって考えてみましょう。

③ 　②で共有した体験を自分なりに整理してみましょう。

④ 　③で整理した内容に沿って、自分の体験と照らし合わせて考え、下線❷のような瞬間の自分の行動がどうであったか、ほかにどのような思い、行動ができたか考えてみましょう。

⑤ 　この詩で最も大切なところはどのようなことだと思いますか？　自分なりの言葉でまとめてみましょう。

第9章 学びを発信しよう

1 学びを発信することの意味

　学びを発信することは、保育を学ぶみなさんにとってどのような意味があるのでしょうか。一番重要なことは、みなさん自身が学びを発信するために自分を振り返る作業を通して、自身の保育力の成長が期待できるということです。D.ショーンが命名した「反省的実践（省察）」とは、自分自身が行ったことを振り返って改善していくことであり、よい保育者とは、この反省的実践、つまり絶えず上に上がっていけるという向上プロセスを自分の中にもっている人たちであると無藤（2009）は述べています。

　絶えず自らの保育を振り返って次に生かしていくプロセスというのは、養成校では教育・保育実習を通して何度も経験していきます。教育・保育実習での振り返りでは、実習生が実習日誌を作成する際に振り返り、実習担当の保育者からのコメントを読んでさらに振り返りをし、養成校の教員からの事後指導の中で再度振り返りを行い、実習報告会で最終的に振り返る、という具合に何度も何度も振り返りの作業をしています。しかしながら、教育・保育実習においてみなさんの実習の様子を養成校の教員が見ることができる時間はほんのわずかであり、実習の様子のほとんどは実習日誌や事後面談で語られるみなさんの実習の振り返りからしか知ることができません。その点、養成校の指導のもと行われている保育・子育て支援の活動は、教員と学生のみなさんが一緒に保育を実践し、一緒にその活動を振り返りを行うことができますので、教員からの助言を得て、振り返りの視点が広がり柔軟性も向上することが期待されます。また、教員だけでなく、一緒に活動を共にしている仲間の学生スタッフたちからもさまざまな意見を聞くことができます。さらに、学内で報告会等の発信をすることは、活動に参加していない人たちに向けて自分が学んだことを発表するために、今までの学びをもう一度振り返って考える作業が必要となってきます。このように、保育現場に出る前に、保育者としての向上プロセスを多く経験しておくことは非常に重要なことなのです。

　右頁の図①には、「反省化のサイクル」を示しています。無藤（2009）は、保育者自身の振り返りには、「オンライン処理」と「オフライン処理」があるといっています。反省的実践が成り立つには、三つの層での振り返りとその間の往還を可能にすることが重要となってきます。まず、「第一の層」は「オンライン」での保育現場における振り返りや気づきのことです。オンラインというのは瞬時のうちに考え、その時点で最善だと思うことを行動に移すことです。保育中に自らの行動をじっくり振り返ることは不可能に近いわけです。

次に、「第二の層」は、オンラインとオフラインの中間的な位置づけで、その日の保育の状況を生き生きと思い出せるような当日の振り返りです。第一の層で瞬時に思いついて行動して振り返ったものが、保育を離れて考えてみると、子どもの気持ちの深い部分に気づいたり、もっとほかのかかわり方が良かったのではないかとさまざまな考えが浮かんできます。「第三の層」は、さらに時間が経過して、そのときのエピソードを振り返り、吟味する段階です。その場の状

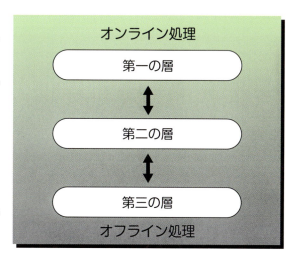

図① 反省化のサイクル【無藤（2009）を基に筆者作図】

況の文脈が切り離され、別の文脈に気づくことがあるかもしれません。つまり、そのときの経験から次第に脱文脈化しつつ、振り返りが保育者の視野を広げ、視点の複数化をもたらすのです。さらに、ケース会議等で、ほかの保育者からの助言や視点を自分の中に取り込むことによって、保育者がさらに成長していくことが期待されます。

　以上のように、第三の層のオフライン処理において、さまざまな視点を獲得することができれば、第一の層のオンライン処理に戻ったときに生かされていき、これが、保育の熟達性につながっていくのです。この「反省化のサイクル」を養成校での保育・子育て支援活動に当てはめて考えてみると、保育・子育て支援の活動中に振り返ることは「第一の層」、活動終了後にエピソード記録などを作成する際に振り返ることは「第二の層」、そして、報告会などで活動を振り返ることは「第三の層」だと考えられます。

2　学内での発信

(1) 学内で発信することのねらい

　学内で発信するためには、まず最初に、みなさん自身が自らの実践を振り返る作業が必要になります。そして、ほかの仲間たちの発表からさまざまな振り返りの視点を学びます。さらに、人前でわかりやすく活動内容を伝えるためのプレゼンテーションスキルを高めることができます。発表した後にクラスでグループディスカッションをすることを通して、他者と自分の考えの違いを知り、自身の主張の根拠を相手に伝えるディスカッション能力を高める経験をします。また、あなた自身の発表に対して教員やほかの学生たちから助言を得ることもあるでしょう。

　ここでは、学内での発信によって、みなさんがどのような能力を高めていくことができ

るのかを具体的に述べていきます。

①学生自身が振り返ることの必要性を学ぶ

「子育て支援の活動が盛り上がって充実していた」「子どもと一緒に遊ぶことができて楽しかった」というみなさんの率直な感想もモチベーションの持続には大切なことですが、自らが計画した活動内容や環境設定が子どもたちの発達や個人差に合ったものだったのかどうか、子どもへのかかわり方は子どもの発達を促すものであったのかなど、前述した図①の「反省化のサイクル」の第三の層にあるオフライン処理の作業をするわけです。養成校によって年間の活動数は異なりますが、回ごとに行っていた振り返りを、あらためて半期単位または年単位で、子どもの発達過程や学生のみなさん側の援助の仕方の変化などを時間経過とともに振り返る作業をします。そうすると、毎回の活動の振り返り作業では気づかなかった子どもの心情や発達についての気づきを深めることができ、振り返る作業の大切さを実感できるでしょう。

②ほかの学生から振り返りの視点を学ぶ

養成校での保育・子育て支援活動が教育・保育実習と大きく異なる点は、ほかの学生たちと同じ活動を経験し、それを教員も含め共有することができることです。さらに、同じ保育・子育て支援の活動を一緒に経験しても学生間でもものの見方や考え方に個人差があることに気づくことができるということです。自分一人だけの振り返りだけでは気づかなかった新たな視点に気づくことができます。また、自分がかかわら

写真① 学生同士で振り返る

なかった親子の情報について、ほかの学生の発表から知ることもあります。

③プレゼンテーションスキルを高める

自分が学んだことを他者に正しくわかりやすく伝える際には、プレゼンテーションのスキルが必要になってきます。学内発信は、各種プレゼンテーションソフトによる映像を用いたり、実施に説明資料を配付したりして説明するなども、聞き手にわかりやすく伝えたいポイントを明確に効果的に表現するための学びの良い機会となりますので、幼稚園や保育所などに就職したのち、職場でのケース会議や保育研修の際に同僚の保育者に対して効果的なプレゼンテーションをするスキルにつながっていきます。そのための大事な学びを養成校時代に多く経験するとよいでしょう。

④グループディスカッション能力を高める

学内での発信は、報告会全体に向ける場合とグループ内で行う場合がありますが、いず

れにおいても、自分の考えを正しくわかりやすく伝える力や相手の意図を読み取る力の双方の向上が期待されます。これは、保育現場での日々の職員会議やケース会議等で議論をする際に必要な能力となります。

⑤教員からのフィードバックを得ることができる。

養成校での保育・子育て支援活動は、保育学、幼児教育学、心理学、福祉学などさまざまな専門領域の教員が担当します。また、報告会などには担当以外の教員も参加してくれることもあります。学生のみなさんが発表した内容に対して、それぞれの専門領域から子どもの発達過程や親子関係について助言を得ることができる貴重な場でもあります。

(2) 学内で発信する内容

学内で発信する内容は、養成校によってさまざまですが、①ＰＤＣＡサイクル、②子どもとのかかわり、③保護者とのかかわり、④スタッフ間の連携、⑤保育環境などが考えられます。次にそれぞれを詳しく見ていきます。

①ＰＤＣＡサイクル

ＰＤＣＡとは、Plan（計画）→Do（実践）→Check（評価）→Action（次の活動に生かす）というサイクルですが、どのように計画し、実践し、評価し、次の活動に生かしたのかという流れに沿って具体的に発表します。みなさんが活動してきたことを、ＰＤＣＡのプロセスに沿って説明してみましょう。実際は、学内で学生同士で発表するわけですが、広い意味では教員もみなさんの仲間も保育の専門家であり保育関係者なので、将来、保育現場で保育者に伝わることを意識して発信してみると効果的です。

②子どもとのかかわりについて

子どもたちの年齢による発達の違いや子どもの発達の個人差、そして、定期的に同じ子どもたちと複数回かかわっている場合は、活動開始時から現在までの子どもたちの発達のプロセスについて発表します。一回限りの子どもとのかかわりであっても、子どもの動きや発言内容をていねいに読み取り、発達の専門知識に基づいて解釈してみましょう。

③保護者とのかかわりについて

保育・子育て支援活動の場が教育・保育実習と大きく異なるのは、親子が一緒に参加していることです。幼稚園や保育所などでは見ることのできない親子関係、保護者の子育ての様子、保護者同士のコミュニケーションについて、積極的に保護者の方々と話をして、保護者から学んだことを発表します。その際、子育て支援活動に参加したことがない学生もいることを前提にして、教育・保育実習との違いを明確に示しながら発表するとよいでしょう。たとえば、親に甘える子どもの姿や下のきょうだいに嫉妬する姿などは決して幼

稚園や保育所では見ることができない子どもの姿です。

④スタッフ間の連携について

スタッフ間の連携は、準備段階、実践段階、事後ミーティング段階とそれぞれの段階で円滑なコミュニケーションが必要となってきます。どのように連携したのかについて発表します。たとえば、準備段階では、活動のねらいや保育環境の設定、事前の教材の準備について、実践段階では、担当する子どもの割り振りや受付・記録・案内などの係の仕事分担について、事後ミーティングの段階では、エピソード記録やおたよりの分担などについて、どのように配慮したのかに焦点を当てて発表するとよいでしょう。

⑤保育の物的環境について

保育・子育て支援活動における、子どもたちの発達に合わせて設定した保育環境を、保育環境マップや環境設定の写真を用いて、どのようなねらいをもって設定し、結果どのような遊びが見られたのかについて発表します。たとえば、写真②は子どもたちが以前描いたペインティングの板段ボールを屋根に見立てておうちごっこの環境を設定したときものです。この活動のねらいは、「1.遊びの中で楽器に触れて音を楽しむ」、「2.おうちの中でままごとのやりとりを楽しむ」というものだったので、おうちのなかにもいくつか楽器を置いています。

写真② 物的環境を発信する例（おうちごっこの紹介例）

（3）学内発信の形式

①グループごとの発表

　保育・子育て支援の学生のみなさんや学内の教員やほかの学生たちに向けて発表する際、グループの記録係がメンバーの発言を要約して口頭で発表したり（写真③、みなさんの発言を付箋（ふせん）に書き出し、各グループの模造紙に貼って発表する方法があります）、各種プレゼンテーションソフトを使って、文章だけでなく写真映像や動画なども取り込んで発表したりする形式があります（写真④）。

写真③ グループ発表

写真④ プレゼンテーションソフトを使った発表

②ワールドカフェの方式を取り入れる

　学生同士で発信する場合には、ワールドカフェという方式を応用したやり方があります。ここでは、保育・子育て支援活動での学びを踏まえたテーマをテーブルごとに決めて、セッションごとにメンバー（4、5名くらいがちょうど良い）を変えるというやり方で行います（図②）。たとえば、前述した発信内容に沿って、テーブルAでは「ＰＤＣＡサイクル」について、テーブルBでは「子どもとのかかわり」について、テーブルCでは「保護者とのかかわり」について、テーブルDでは、「スタッフ間の連携」とテーマを決め、テーブルにはみんなで考えを書き込める大きな模造紙を用意します。

　メンバーが席に着いたらファシリテーター（司会）を置きます。ファシリテーターは時間管理のほかにも、話し合いがスムーズにいくよう話をふったり、相手の話を聞いたりしながら進めます。そして、テーブルごとにテーマについて30分程度を1セッションとして話し合いながら、考えたことを模造紙にみんなで書き出していきます。最

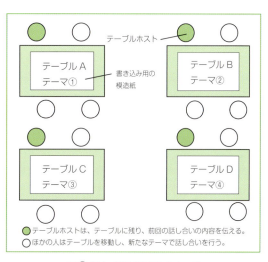
図② 話し合いの場のイメージ

後に大まかな意見の集約を図った後、その場に残るテーブルホストを決め、それ以外のメンバーを数回入れ替えます。残ったテーブルホストは、前回どのようなことがそのテーブルで話し合われたのかを新しいメンバーに伝え、最初の手順と同様に話し合いを始めます。新しいグループは先の話し合いの内容も踏まえてテーマに沿って話し合い、引き続き模造紙に書き込みを行い、新しい考えや意見の集約を図り、これを繰り返していきます。

何度かセッションを繰り返すうちに、司会役もホスト役の人も、発言者の話をよく理解し、みんなの考えをまとめて次のグループに伝えることで、コミュニケーション力の向上に役立ちます。もちろん、参加者も意識的に発言していくことで、どのように話せば相手に理解してもらいやすくなるか体験し、さらには保育・子育て支援活動への幅広い理解が進むことでしょう。

③シンポジウム

子育て支援をしているほかの養成校の学生のみなさんに参加してもらって、シンポジウム形式で学内の教員や学生に向けて発表する形式です。ほかの養成校の取り組みを知ることで、自分たちの取り組みを大所高所から客観的に考えるきっかけとなります。

3 保護者、地域への発信

保護者や地域への主な発信方法としては、保護者宛てのおたより、大学のホームページ内での活動内容の記事の掲載、報告会の開催などがあります。

(1) おたより

保護者への発信方法としては、毎回の活動内容をおたよりとして送付する方法があります。利用者全体に同じ内容のものを送る場合もあれば、利用者ごとに子どもの遊びの様子を写真付きで各家庭に送付し、家庭からコメントの返事を書いてもらい双方向のやりとりをするという形式もあります。保護者は、学生スタッフが子どもたちにどのような意図でかかわったのかを知る機会になります。学生側は、保護者からのコメントを通して、家庭での子どもの姿や保護者の子どもを思う心情を知ることにつながります。幼稚園や保育所では保育者が園だよりを作成しますので、そのよい学びにもなります。

(2) ホームページ

ホームページでの活動内容の発信は、子育て中の保護者や地域の方々に知っていただくよい機会です。子育て広場の利用者の方に利用のきっかけを伺うと、大学のホームページで活動を知って参加しようと思ったという方が多くいらっしゃいます。たとえば、保育を学ぶ学生たちが企画している保育・子育て支援活動だから、保護者も学生たちから新しい保育の知識を学べるかもしれないと思って参加したという声なども聞くことがあります。地域の方々が参加したいと思えるような活動の内容を考えてみましょう。そのためには、ほかの養成校のホームページなどを情報検索し、どのような子育て支援の取り組みがなされているのかを把握し、みなさんの活動内容はどのような特長があり、保護者や子どもにどのような保育・子育て支援を提供できるかをきちんと客観的に把握して発信していきましょう。

(3) 報告会

養成校での保育・子育て広場活動を広く知ってもらうため、学外に向けて報告会を開催します。報告する内容は、学内での発信をさらにわかりやすくまとめ直し、自分自身の発表内容が発言してよい内容かどうかを気をつけて発表します。発表内容については事前に担当の教員にチェックしていただくとよいでしょう。

報告会にはさまざまな形式があり、シンポジウム形式で複数の養成校の学生たちが共同開催しているケースもあります。たとえば、「地域に根差す子育て広場～広がる取組とこれから～」というテーマで、平成26年12月に白梅学園大学で行われた白梅子育て広場シンポジウムなどがあります（写真⑤）。

このような学生間の交流を行うことによって、今まで気づいていなかった自分たちの活動の特徴が明確になり、自らの課題の再発見にもつながっていきます。また、ほかの養成校の学生の取り組みの様子を知ることにより、学生自身のモチベーションの向上にも良い影響がもたらされることでしょう。

写真⑤ 学生報告会の様子

ほかにも、校内新聞やチラシ、ポスターなど、文字に書き起こして学内に向けて発信する方法があります。このような経験は、幼稚園や保育所でも保護者に向けて園だよりを掲示する際に役立っていきます。誰に向けて、何を、何の目的で発信するのかを整理して、わかりやすくて見やすいレイアウトを考えていきましょう。

演習⑥ 学びを発信しよう
～学内・学外など、対象に応じた発信の仕方について考える～

★養成校での保育・子育て支援を、学内向け、学外向けに発信します。

① 次の【条件】を読んで、例のチラシの対象者やタイトルなどについて、学内と学外でそれぞれどのようなことに留意すればよいかを考えて、表に書き出しましょう。

【条件】
❶チラシのデザインや機能性は、ここでは問いません。
❷表に設定している発信の目的に沿って、次のようなことについて考えましょう。
・どのような人が対象なのか。
・対象者の興味を引くタイトルの付け方は。
・どんな写真を選べばよいのか。
・本文にはどのような内容、情報を掲載すればよいか。
❸枠が小さい場合、ノートに表を作って書きましょう。
❹考えた経過や理由も書き出して、みんなで話し合い、共有しましょう。

目的	学内	来季の活動への参加を学生に募るチラシ
	学外	来季の親子利用者を募集するパンフレット
対象者	学内	
	学外	
タイトルの付け方／タイトル例	学内	
	学外	
写真の内容	学内	
	学外	
本文の内容	学内	
	学外	

② ほかにチラシに加えるとよい要素はありますか。

③ チラシの対象の違いを比較してみましょう。

第三部
実践事例編

第10章 教室型①
共立女子大学「さくらんぼ」

1 さくらんぼのスタートと現在

本学に児童学科が誕生した翌年の2006（平成18）年から、乳幼児親子グループ「さくらんぼ」の活動をスタートさせました。初年度は親子3組、年間3回の活動でした。都心のど真ん中にあり周囲をビルで囲まれた本学の立地条件から、どこに親子が集まっているのか、また、どのように募集したらよいか、まったくの手探り状態から始めました。それが、近隣の児童館や図書館などに募集パンフレットを置かせていただくなどの広報活動を続けたことや、何より参加した保護者の方の"口コミ"で年々参加者が増え、2015（平成27）年現在では、親子37組を3つのグループに分け、グループごとに年間10回の活動を行っています。

写真① さくらんぼの活動の様子

2 さくらんぼの目指すもの

「さくらんぼ」では、生後6か月から3歳まで（未就園児）の時期の子どもたちが自分らしく遊び込むこと、そしてそのまわりにいる大人も子どもたちと共に成長することを目指しています。また、保護者の方々が「自分一人の子育て」から「みんなで支え合う子育て」

写真② 保護者の交流

写真③ 絵本の読み聞かせ

を実感できるようなグループになるようにしたいと考えています。

　参加する学生スタッフにとっては、学生が主体となって活動のねらいや内容を考え、実践のための準備や計画、実際の親子とのかかわり、振り返りができる場となるように心がけています。学生自らが考え実践するなかで、親子が安心して過ごせる場を参加者と共に創っていくことを目指しています。

3　さくらんぼの概要〔2015（平成27）年〕

グループ	プチ	幼児A	幼児B
対象 ＊すべて4月1日時点	０歳６か月〜１歳６か月の未就園児と保護者	１歳７か月〜３歳までの未就園児と保護者	１歳７か月〜３歳までの未就園児と保護者
年間の活動数・費用	10回（１回500円）	10回（１回500円）	10回（１回500円）
親子参加数	親子12組	親子13組	親子12組
スタッフ	教員１名 指導補助教員１名 助手１名 学生11名 （３年生４名、４年生６名、大学院生１名）	教員１名 助手１名 学生12名 （３年生５名、４年生６名、大学院生１名）	教員１名 助手１名 学生11名 （３年生６名、４年生４名、大学院生１名）

表① さくらんぼの概要 2015（平成 27）年

　対象乳幼児は、年齢に応じた遊び環境を提供するために２種類のグループに分けています。各グループで、同一の親子が10回（４月〜12月）、継続して参加しています。そのため、親子からは、同じ場所で安心感が得られやすいことや親同士も顔なじみになり、コミュニケーションがとりやすい雰囲気が感じられます。また、運営の側においても、継続参加のメリットとして、子どもの成長を保護者と共有することができ、子どもの成長・発達に応じた遊びを提供しやすくなります。

　スタッフの配置は、教員、助手、学生スタッフが参加しています。こうした活動には、事務作業が比較的多く生じます。学科の助手が保護者への連絡対応、備品などの伝票作成、書類作成といった事務作業を担っています。また、この活動には保育士・幼稚園教諭等の有職者は参加していません。教員と学生が活動の企画や内容から話し合い、活動を創り上げています。学生スタッフが、３年生から大学院生まで参加していることも特徴の一つです。異学年の学生がチームとして活動するよい機会となっています。さらに必要に応じて、児童学科の音楽、造形、体育を専門とする教員に助言を受けています。

　参加費に関しては、主に教材費や保険料にかかる実費として徴収しています。

111

4 さくらんぼの活動の流れ

(1) 活動開始の準備

①年間のスケジュールやおおよその活動内容の話し合い

　年間10回の活動日は、学事日程などを考慮して教員が決めていますが、年間の活動内容を企画する話し合いには学生も参加しています。さくらんぼの特徴として、学生は3年生と4年生の2年間継続して活動に参加するため、4年生は、昨年の活動を踏まえて活動の内容を考えることができます。ただ、年度の初めにおおよその活動内容を決めますが、実際に参加した親子の様子などに応じて活動を変えることもあります。その点では、活動の振り返りを生かして臨機応変に対応しています。

②初回活動に向けての準備

i. 広報活動

　パンフレットを作成し、地域の親子に参加を呼びかけるために児童館や図書館などへ配布します。また、学校のホームページにも募集案内を出します。案内は、親子が楽しく遊んでいる写真を載せたり（保護者の承諾が必要）、日時や人数、費用などの情報が一目でわかるようにしたりするなど、保護者にとって見やすい紙面構成になるように工夫して作成しています。

写真④ 用意したパンフレットの一部

ii. 参加者参への事前確認

　参加者には、きょうだいの有無や子どもの好きな遊び、またアレルギーの有無などを聞くために「事前連絡シート」に記入してもらい、活動においての留意点を事前に把握します。きょうだいの有無を聞くのは、土曜日などに開催する場合があるためで、アレルギーに関しては小麦粉粘土の使用の可否を判断するためです。

　＊参加希望者が多い場合は抽選を行う場合もあります。

iii. 保護者会の開催

　初回の活動前に保護者説明会を行います。親子が初めて「さくらんぼ」の場に参加する機会であり、安心できる雰囲気になるようにスタッフ全員が心がけます。子どもの表情や動き、遊びの様子などを観察し、次回からの活動に生かします。説明会では、教員が「さくらんぼ」の目的や今後の活動の流れ、学内施設の利用、また、個人情報の管理や教育や研究への協力に関する説明を行った上で、同意書に記入してもらいます。

(2) 実際の活動の計画および環境構成

①活動計画の作成

　活動の計画は、担当の学生スタッフ（順番で交代する）が案を作成、全員が意見を出し合いながら修正・改善し、図①のように完成させます。「さくらんぼ」は同じ親子が継続して参加する教室型のため、活動の継続性を考えて「これまでの親子の様子」を書いています。また、「ねらい」は、子ども（親）の遊びのねらいだけでなく、スタッフのねらいも立てています。自分たちがどのように親子とかかわるのか、そのことをスタッフ間で共有することが大切だと考えているからです。また、子ども（親）の動きを予想し、環境や内容が充実するように計画しています。下記の指導計画の例のように、一人ひとりの子どもの姿を予想し、「安全で安心できる環境」「子ども（親）に応じたかかわり方」「興味や関心に応じた遊具や素材の配置」などを重視して活動内容を計画します。学生スタッフの役割に関しては、受付や記録係、親子遊びのリーダーなどを決めています。これらの役割は毎回交代で行い、スタッフはどの役割も経験できるようにしています。

　もちろん計画はあくまでも「計画案」ですので、親子の参加人数や活動の様子によって、活動の流れを変更したり、遊具や素材を増やしたり減らすこともあります。学生が計画の修正や変更などを柔軟に行える力を身につけることも重要な学びと考えています。

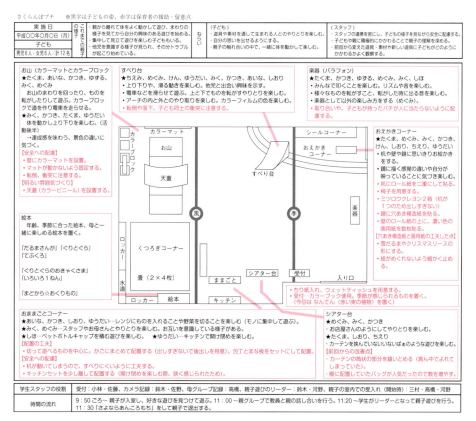

図① 学生の考えた指導計画（さくらんぼプチ、名はすべて仮称）

② **環境の構成**

　保育は、「環境を通して行う」ことが基本とされていて、保育・子育て支援活動においても環境をどのように構成するかが、最も重要なことの一つとなります。「さくらんぼ」でも指導計画を作成しながら、実際の環境とシュミレーションし、その後、保育室において具体的なものの準備や配置を考えています。以下に、その特徴的な環境を紹介します。

図② さくらんぼ環境図（さくらんぼプチ）

写真⑤ 子どもの興味を引き立てる環境設定

写真⑥ 活動用スペースで遊ぶ子どもたち（左：ソフト積木、右：電車遊び）

写真⑦ 制作用スペースで楽しむ子ども（左：ペイント、右：クレヨンお絵描き）

写真⑧ 畳の肌触りを感じる乳児

写真⑨ ビニールひもの天蓋

写真⑩ おままごと

写真⑪ 大きな鏡

写真⑫ すべり台

写真⑬ 壁面シールコーナー

(3) 親子との実際のかかわり

①活動の流れと当日の役割

　活動の流れは次頁の表①のようになります。学生スタッフには、当日の役割が決められていますが、状況に応じて動く臨機応変さも求められます。自分たちに期待されている行動や役割を常に意識して取り組む必要があります。

時間	内容	実際の行動
9：00	❶活動のミーティング	学生スタッフ各自が活動に対する目標を発表し共有します。欠席などの連絡事項を確認します。
	❷当日の学生スタッフの役割分担の確認	事前に決めておいた学生スタッフの役割を確認します。当日の受付、記録係（文字や図による記録作成）、写真撮影係、絵本の読み聞かせや親子遊びのリーダーなどの役割があります。
10：00	❸親子が入室・遊び	教室内に用意した様々な環境設定の中から子どもが好きな遊びを見つけ、安心して遊べるように心がけます。学生スタッフも親子と自由にかかわります。
11：00	❹親と教員の話し合い	教員が声かけをし、保護者の方に集まってもらいます。本日の活動の感想を伺ったり、子どもの成長や家庭での様子をみんなで話し合ったりします。その間、親から離れられる子どもたちはスタッフと自由に遊びます。
11：20	❺親子遊び・読み聞かせ	学生スタッフがリーダーとなって、親子の触れ合い遊びや絵本の読み聞かせを行います。
11：30	❻親子退室	全員で手をつなぎ輪になり、わらべ歌の「さよならあんころもちまたきなこ」をして終わりとなります。

表① 実際の活動の流れ（さくらんぼA、1歳7か月から3歳未満クラス）

【表①における各活動の留意点】

❶各自が目標を発表し合うことで、関心の幅が広がり新しい気づきが得やすくなります。このとき、他者の意見を否定せず、何でも話せる雰囲気をつくることが大切です。

❷受付は最初に親子を迎える場であるため、安心感を与えられるように笑顔や態度に気をつけています。また、受付では配布や回収といったやりとりを行う場合も多く、スムーズな対応できるように準備しています。記録係は、最初は3年生などの新しいスタッフが担うことが多いです。なぜなら、記録という役割が学生スタッフに安心感を与えるとともに、「観る」ことで活動の全体像をとらえることができるようになるからです。写真撮影にも気をつける点がいつくかあります。撮った写真は保護者にお手紙と一緒に送っているため、写っていない親子がいないように気をつけています。また、アップで撮りすぎると状況や関係性がわからなくなるため、記録物として撮り方にも気をつけています。

❸活動の内容や環境では、感触遊び、描画（フィンガー／ボディペインティングなど）、音楽（様々な楽器に触れる／体験する）、運動遊び、といった特別なコーナーを活動日ごとにつくっています。また、七夕やクリスマス、木の実や葉っぱなどの季節を感じられる素材もコーナーに適宜用意します。

❹活動の感想を話してもらったり、この年齢に共通する子育てのテーマについて話し合ったりすることもあります。たとえば、「『イヤイヤ』と拒否や否定することが増えたわが子にどうかかわるか」「トイレットトレーニングをいつ、どうやって行えばよいか」などです。教員は、話しやすい雰囲気をつくり、親同士の会話が弾むように心がけます。また、他学科と連携し、食物、被服、建築などの専門の先生方に、ミニレクチャーをしてもらうこともあります。

❺絵本の読み聞かせなどを行うスタッフは、実習と同じように事前に何度も練習して行います。実習と違う点は、保護者がその場にいることです。保護者も楽しめる内容になるように心がけたり、家庭でもできる遊びを紹介したりする機会となります。

❻子どもたちも「さよならあんころもち」というフレーズをだんだん覚えてくれるようになります。みんなが顔を見合わせ、笑顔で終われるようにしています。

(4) チームによる振り返り

①エピソード記録、写真、ビデオなどを用いた振り返り

活動日当日は、片づけた後、その日の感想を発表して終わります。1週間後、教員と学生が参加し、それぞれがエピソード記録を持ち寄り、写真やビデオなどの映像も使って振り返りを約180分間（2コマ）行います。

振り返りの場では、4年生が3年生も発言しやすくなる雰囲気づくりを心がけています。エピソード記録をもとに前回の子どもや親の様子を話し合うなかで、自らと異なる見方や新たな視点に気づきます。さらに、ビデオを見ることで、気になった場面についてじっくり話し合うことができます。

写真⑭ 学生と親子のかかわる様子

②保護者へのお便りの送付

活動後、学生スタッフが当日の子どもの様子などを記したお便りを書き、写真と一緒に送ります。学生は、保護者におたよりを書くことができる貴重な機会となると同時に、活動の様子を振り返ることができます。保護者にとっては、当日気づかなかったことや、学生が見つけてくれた新しい子どもの一面に気づく機会となっているようです。また、学生は次の活動日に保護者からのお返事を読むことができます。一生懸命書いたおたよりへのコメントは、学生に向けた温かい言葉が多く書かれており、活動の励みになっています。

③次回の活動に生かす

振り返りは、ただ反省や気づきを共有するだけでなく、右の図③に示したように、話し合った事柄を次回の活動の計画や環境構成をより良くするために生かせるように心がけています。さらに、前期の5回と後期の5回が終わった後、8月と1月に報告会を行っています。報告会ではそれぞれのグループ（さくらんぼプチ・A・B）

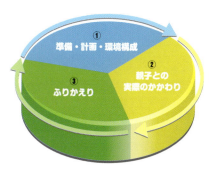

図③ さくらんぼの活動の流れ

がパワーポイントなどを使って実践報告をしています。ほかの学校の先生や学生をその場に招くこともあり、多くの方から意見をもらえる機会となっています。

5 子育て支援活動での学びと成長

　さくらんぼでは、参加するほとんどの学生が3年次と4年次の2年間、活動に参加します。図④には、さくらんぼの活動で目指される成長の姿と学びの内容を4つの領域から示しました。学生は、活動を通して図④に示した内容を横断的、総合的に学んでいると考えられます。すなわち、成長のためには、どの学びも大切であり、体験を通して相互に関連した学びの内容が積み重なっていくと考えられます。

図④ 学生として目指される成長と学びの姿

活動に参加した学生の声
- さくらんぼに参加してよかったことは、保護者ともかかわれることです。保育所や幼稚園の実習ではどうしても子どもとかかわることが中心ですので。（3年生）
- 1年間同じ子どもが通ってくれるので、自分から子どもの遊びに入っていけるようになったことが、さくらんぼを経験して成長できたことと感じています。（4年生）
- 先輩の意見が聞けたことがすごく良かった。自分では気づけないようなことに準備段階で気づいていたし、振り返りのときも先輩の言葉から多くのことに気づきました。（3年生）
- 自分が3年生のとき、先輩の姿を見て学んでいました。4年生になったら自分もそんな立場になりたいと思い、3年生が自分の意見を伝えられる雰囲気をつくることを心がけました。（4年生）

6 参加されている保護者の声

さくらんぼでの活動に対して、保護者から次のようなさまざまな声をいただいています。

さくらんぼの環境は段差があることが良いです。マンションに住んでいて子どもが上ったり下ったりする経験をあまりさせていませんでした。すべり台があったり、ハイハイして登れる環境があったりするので、子どもも喜んでいます。（1歳男児の母）

学生さんからのお手紙と写真には、いつも感謝しています。自分が気づかなかった子どもの様子が書かれていて、毎回楽しみです。夫にも見せていて、とても喜んでくれています。成長の記録となるようにお手紙と写真をファイルにまとめています。（2歳男児の母）

2歳女児の母
参加して私の考えが変わりました。「さくらんぼ」の部屋に用意しているようなシンプルなおもちゃの方が工夫しながら遊べていると思うようになりました。

学生さんが、「前の活動ではこんなことをして遊びましたね」と言ってくれるので、よく子どものことを見てくれているんだなと思っています。

3歳男児の父

先生に子育ての不安なことを聞いてもらうことで安心できます。また、違う歳の子をもつお母さまと話すことが有意義ですね。みなさん子どもへのまなざしが温かく、ホッとします。（1歳女児の母）

7 活動の円滑な運営のために

○ 運営主体

　さくらんぼの活動は、学内に設置されている「発達相談・支援センター」の活動の一環であり、学校として組織的に行っています。そのため、活動の予算やスタッフ、活動場所の問題など、センターの委員会で話し合って決めています。

○ 倫理的な配慮

　近年、倫理的な配慮の徹底が求められます。さくらんぼでは、保護者説明会において「個人情報の管理」や「学会や論文などによる公表」、「学生・研修生の参加」などについて書面にて説明を行っています。その趣旨を理解していただいた上で、同意書に署名して了承をいただいています。

○ 参加する学生について

　現在参加している学生は主に3年生、4年生であり、この活動に参加しても単位を取得することはできません。いわゆる正課外活動となっています。希望者が参加しているため、学生のモチベーションが高い一方で、一部の学生のみの参加にとどまっていることが課題と考えられます。

第11章 教室型② 相愛大学「よつばのクローバー」

1 「よつばのクローバー」のスタートと現在

　人間発達学部子ども発達学科では、子育て支援力育成プログラムの展開を正課内で行っています。3回生次開講の保育士資格選択必修科目「世代間交流演習」において、活動名「よつばのクローバー」（地域の0～3歳の未就園子育て家庭との交流活動の場＝あそびの広場）を、2008（平成20）年度から実施してきました。この活動名は、『ここで、よつばのクローバーを見つけたときのようにハッピーになってほしい』という初回の2008年度の履修学生の願いから考えました。

　実施当初は事前申し込み制も定員制もあえて導入しておらず、参加親子数が30～40組となりました。2014（平成26）年度より、準備の充実やかかわりの質を考慮し、定員15組の事前申し込み制を採用しています。また授業内で実施するため、年度によって時間割や学生の履修登録者数が変わるという性質があります。開催時間帯が午前になったり午後になったりしますし、学生スタッフ数が30名以上だったり10数名だったりします。そして、親子の参加数は開催時間帯に左右されます。たとえば、午後1時からの開催時間の場合は、お昼寝の時間帯と重なることや、幼稚園在園の兄姉が居る場合のお迎え時間と重なってしまうため、参加親子数が10組未満と少なくなることもあります。しかし、開催を楽しみにしてくれるリピーターの親子の存在や彼らの口コミのおかげで、さらに大阪市住之江区役所や住之江区社会福祉協議会からポスターの掲示やチラシの配布などの方法による広報の協力もあり、毎年活動を継続しています。継続するなかで、新しい教育方法を導入するなど、地域の親子と学生が共に育ち合うことを目指した活動の充実を目指しています。

2 「世代間交流演習」授業の概要と活動のねらい

　前期15回の授業の中で、4回の「よつばのクローバー」を実施しています。「よつばのクローバー」は、地域の0～3歳の未就園児とその保護者との交流活動の場です。保護者については父親も祖父母も参加可能ですが、実質はほとんど母親です。

　「世代間交流演習」授業の概要は、次頁の2015（平成27）年度の授業計画に示している通りです。授業のねらいは、①学生（将来の保育者・親）としての発達：特にコミュニケーション力・子育て文化の継承力、②子どもの発達、③親としての発達、の3つの発達支援の目

第三部　実践事例編

的をもって、子育て（保育）および子育てを支援するために必要な力を総合的に養うことと、交流を主体とした活動（事業）を将来的に適切に計画し、実施していくことのできる力を培うこととしています。

　毎年、PDCAサイクルにより見直しし、方法等改善を図りますが、授業のねらいを達成するために、4種類の役割を設定し、履修学生も4つの班に分かれ、4回の実施を通して順番にすべての役割を担当することにより、主体的な学びの実現につなげています。授業の流れは、①具体的な活動計画の作成、②実践準備とリハーサル、③実践（本番）、④実践後の振り返り学習とフォトレター作成という一連の学習過程を繰り返し、15回目に総合的な振り返り学習を行っています。各回の活動後には、「『よつばのクローバー』振り返り学習シート」による自己評価を行っています（p.127 表⑤）。

　全学生の4回分の振り返りシートの内容は、統合シートに入力し、15回目の総合的な振り返り学習の際に活用しています。

【授業概要・ポイント】
　地域との連携と協働が今や不可欠の保育・教育および次世代育成支援分野において、計画・連携の実行を図れるよう知識を身に付け見聞を広げる。
　さらに、本学の施設を活用して子育て家庭と交流する場を設け、実践的・経験的な学習環境での"かかわりの質"（コミュニケーション力）にポイントをおいた活動をとおして、学生（将来の保育者・教育者）としての発達をめざす。具体的には、「よつばのクローバー」（地域の0～3歳の未就園子育て家庭との交流活動）の計画を立案し、実行、検証を通して、参画した世代（子どもや親等）の発達支援や人と人をつなぐ（ファシリテーター的）実践力の育成をめざす。そして、交流を主体とした活動（事業）を将来的に適切に計画し、実施していける力を培う。

【授業終了時の達成課題（到達目標）】
・多様な世代と適切なコミュニケーションを図ることができる。
・交流活動の計画の立案、実施、自己評価を適切に行い、次の活動に向けた改善ができる。
・準備や立案、実施にあたり協働して取り組むことができる。

	授業内容	学習環境（［教室］・活動概要）	
1	オリエンテーション （実践例等から実施目的ややり方等について学習）	［COSMO-AI］ ※1	・過去の活動の場面の動画・静止画の視聴と参加親子へのフォトレターの観察。
2	実施計画作成と実践準備	子育て支援室・保育演習室	・班ごとに4回分の活動テーマと大まかな計画を策定。 ・1回目の具体的な活動計画を立案。
3	第1回よつばのクローバーの準備とリハーサル	子育て支援室・保育演習室	・第1回よつばのクローバーの準備とリハーサル ・SA※2（4回生・3名）の授業参画と助言。
4	第1回よつばのクローバー	子育て支援室・保育演習室	・実施計画※3に従って活動。 ・SAがiPadで活動の撮影と次回授業までに全静止画を参加家庭別に分類し保存。 ・学生は次回までに振り返りシートの作成と提出。
5	第1回の振り返り	［COSMO-AI］	・振り返りシートの電子データ集約版から全員で振り返り、気づき等の共有。 ・iPadの動画・静止画データを活用してグループ毎で振り返りと参加親子へのフォトレター作成。 （各グループでパソコン2台、超短焦点プロジェクター、スクリーン投影用ホワイトボード1台を使用。）
6	第2回よつばのクローバーの準備とリハーサル	子育て支援室・保育演習室	・第2回よつばのクローバーの準備とリハーサル ・SA（4回生・3名）の授業参画と助言。
7	第2回よつばのクローバー	子育て支援室・保育演習室	・第4回に同じ
8	第2回の振り返り	［COSMO-AI］	・第5回に同じ
9	第3回よつばのクローバーの準備とリハーサル	子育て支援室・保育演習室	・第3回よつばのクローバーの準備とリハーサル ・SA（4回生・3名）の授業参画と助言。
10	第3回よつばのクローバー	子育て支援室・保育演習室	・第4回に同じ
11	第3回の振り返り	［COSMO-AI］	・第5回に同じ
12	第4回よつばのクローバーの準備とリハーサル	子育て支援室・保育演習室	・第4回よつばのクローバーの準備とリハーサル ・SA（4回生・3名）の授業参画と助言。
13	第4回よつばのクローバー	子育て支援室・保育演習室	・第4回に同じ
14	第4回の振り返り	［COSMO-AI］	・第5回に同じ ・次回のデジタルストーリーテリング実践用のデータとして、SAが学生別に　静止画フォルダーの作成。
15	総合的な振り返り	［COSMO-AI］	・各学生毎に集約した4回分の振り返りシートの内容をグループごとに確認。 ・各学生フォルダー内の静止画を活用し、デジタルストーリーテリングの作成を通した振り返りのまとめ。

※1　［COSMO-AI（コスモアイ）］：アクティブ・ラーニング型授業の展開を想定した教室環境（ICT）が整備された教室。
※2　SA（スチューデントアシスタント）：全学的に試験的に導入された制度で学部学生による授業補助スタッフ。4回生で教員から推薦された学生が有資である。
※3　別添付資料参照

表①「世代間交流演習」授業計画（平成27年度）

3 「よつばのクローバー」の活動の実際

(1) 活動に向けての準備

①広報活動

　中心となる広報活動としては、チラシの配布を行っています。募集用のチラシは、1回目の授業で学生たちと掲載内容やレイアウト等を検討します。初回授業で学生たちと一緒にチラシを準備することで、実施日程を学生と決めたり、活動目的や内容など授業のねらいと合わせながら確認したりする活動を通して、実施に向けた意識を高めることができます。チラシ案を作成して業者に提示し、仕上げと印刷を依頼します。チラシの完成版を次頁写真①に紹介します。仕上がり日程を確認し、配布に向けた準備を進めます。

　チラシ配布方法の一つして、近隣の幼稚園に、3歳未満児クラスへの配布を依頼しています。近隣の保育施設とは日頃からさまざまな交流活動を実施しています。園長先生と相

談し、参加可能な対象家庭に配布をお願いしています。そのほかの方法として、昨年度までの参加者へ「未就園のお子様がおられましたら、お友達もお誘い合わせの上、遊びに来てください」という内容のお手紙を添えてチラシを郵送しています。さらに、行政とも連携して、役所や社会福祉協議会の子育て関連部署で配布を依頼しています。配布先へチラシを届ける役割も学生で分担します。園の先生や行政の担当者との直接対話する経験が企画力を高めることにつながります。

②その他、配慮すべきこと

申込者には事前に電話で確認をします。主な確認事項は、個人情報の取り扱い並びに、撮影および当該資料使用の許可についてです。この点は、募集の際にもチラシに明記してお

写真①「よつばのクローバー」広告（平成27年度）

り、その理由については初回授業で学生も学びます。「よつばのクローバー」には地域貢献の役割と、学生の主体的な学びの場の役割があります。両方の役割の円滑な遂行のために、活動の様子を写真、動画撮影等での記録、また当該資料の教育研究活動における活用や、取り組みに関する大学ホームページや学園広報誌への掲載について、改めて許可の確認をとります。さらに、初回の活動時の冒頭でも、再度口頭で詳細な説明を行います。これら一連の確認および説明は教員が行いますが、将来保育者として通常保育はもちろん、行事等の実施においては重要な事項ですので、学生も同時に学んでいきます。

(2) 学生スタッフの役割

全4回実施する「よつばのクローバー」の遊びのプログラムと役割分担について、表②に紹介します。活動の実施に際しては、授業の達成課題への取り組み方として4種類の役割を設定しています。全員がすべての役割を経験できるよう、履修学生を4つの班に分け、各回持ち回りで担当します。4つの役割とその主な内容については、以下の①～④に説明しています。また、4回の実施時において、学生たちが企画し進行する遊び活動に関連する準備物以外で物理的環境の充実を図るため、壁面装飾や手作りおもちゃの準備を担当する「連携班」を設けています。関係授業を履修する外部の学生が「連携班」として協力を提供してくれることで、互いに学びを深め合えるようにしています。

回	各回の中心となる遊びプログラム	遊び担当	受付担当	取材担当	準備等担当
		交流は全員が担当			
1	○ダンボールの空気砲で遊ぼう！ ・大小の空気砲にシール貼りやお絵かき ・紙皿の的づくり	2班	1班	3班	4班
2	○アンパンマンに変身！ ・アンパンマンのマントづくり ・バイキンマン基地（パラバルーン）をやっつけろ	1班	2班	4班	3班
3	○新聞紙と風船で遊ぼう！ ・新聞紙を破って、ねじって、集めていろいろ遊び ・風船と合体させてゲーム遊び	4班	3班	1班	2班
4	○ミニミニ運動会！ ・ペットボトルでボーリングピン作り、ボール作り・作ったボールで玉入れ	3班	4班	2班	1班
全回	①手作りおもちゃ・壁面装飾の制作担当 ②撮影補助と写真・動画データ整理担当	①関連授業の履修学生 ②ＳＡ（4回生の本活動経験学生）			

表②「よつばのクローバー」 メイン遊びプログラムと役割分担

①遊び担当班

　学生が主体的に当日の主な活動となる遊びの計画・準備・進行を担当します。計画においては、それまでに履修してきた学外実習やボランティア活動の経験を生かし立案します。しかし、保護者が一緒の活動は初めて経験する学生がほとんどであるため、保護者とのかかわりの予測については詳細な記載は行いません。もちろん、各班が担当する実施日に、参加する親子に楽しんで帰ってもらえるよう、約60分間の遊びのプ

写真② 傘から新聞降らし

ログラムを考え、具体的なかかわりも含めた進行をシミュレーションします。リハーサルでは、遊び担当班が次週に実施する本番のシミュレーションを実践します。全員で気づいた点を出し合い、必要に応じて見直しを行います。本番さながらのリハーサルを行うことにより、遊び担当班の当日の円滑な進行を可能にします。と同時に、その他の班も当日の活動の全容が把握できますので、具体的な役割を決めなくても、各自が臨機応変かつ柔軟に動き、参加者の満足度を高めることにつながります。当日は、リハーサルでの内容をレベルアップして実践することになります。実践的練習と実践、そして振り返りに時間をかけて学びを深めます。活動計画は流れに重点をおき、ポイントだけ記載するようにします。授業時間だけで準備が完了しない場合もあり、班ごとで空き時間を調整し、責任をもって準備を進めています。

②受付担当班

　当日の受付コーナーを全面的に担当します。参加する子どもたちは集団保育に慣れていません。普段はずっと母親と一緒にいる低年齢児です。したがって、人見知りはもちろん、初めての場所に慣れるまで時間のかかる子どもが少なくありません。そのような場合、子

ども自身が不安に感じているのはもちろんですが、保護者もなかなかなじめないわが子に気を遣うなどします。楽しみに来てくれていることはわかっているのですが、母親から離れて積極的に遊び出すまでには個人差があります。そのような実態については、本番までに学生らは学び、その上で受付担当の重要性と難しさを理解します。親子の実態を踏まえ、どのように受付担当班として対応すればよいかを工夫します。今までの実習とは異なり、「笑顔で安心できるよう迎える」だけでは対応しきれないため、観察力を基盤とした援助する方法を試行錯誤します。

写真③ 受付の様子

　受付コーナーの工夫として、受付の段階で子どもが、『おにいちゃん、おねえちゃん、優しそう、遊んでくれそう』と少しでも感じてもらえるよう、子どもの名札はあらかじめ作成しておくのではなく、その場で子どもの好みを聞き、子どもと一緒に作るような方法を取り入れています。子どもがのぞき込んで一緒に作業ができるよう、準備するテーブルは子どもがかがんで活動できる高さ30cmほどの丸テーブルです。まずは何を話してよいかわからない学生にとっても、話しかけるきっかけになります。ラベルに子どもの好きな色を聞いて、そのマジックの色で名前を記載します。さらに、名札にはラベル（シール式）を使用していますので、子どもの好きな場所に『ペッタン！』と一緒に貼ります。背中には子どもに気づかれないよう、さりげないスキンシップで貼ります。背中に名札を貼ることによって、最初から子どもたちを名前で呼ぶことができます。子どもの名前をできるだけたくさん呼ぶように心がけています。それも子どもが環境になじむための工夫です。

③ 取材担当班

　当日の活動を、映像や動画、筆記などで記録をとります。デジカメとタブレットパソコンで静止画・動画を撮影する場合は、撮影した素材が次回の振り返りやフォトレター作成のためのデータとなることを意識して、被撮影者の表情や動きを、全参加者について収めるようにします。リハーサルによって全体の活動の流れを把握していますので、どこで子どもたちの動きが活発になるか等予測が可能です。タイミングの

写真④ タブレットで活動を記録する

良い撮影を逃さないよう、かつ参加者の活動を妨げないよう、できるだけ生き生きとした姿をとらえるよう試みます。撮影した静止画・動画データは、振り返り用のUSBメモリー等に機器ごとにファイル名をつけて保存し、実施日の週末までに担当教員に提出します。

　なお、取材班の活動については、2015（平成27）年度より全学的に試行されたSA（スチュー

デントアシスタント）制度を取り入れて行っています。前年度の3回生次に「世代間交流演習」を履修した4回生の中から、授業目標の到達度とIT機器の操作力の高い4名を授業担当教員が推薦し、SAとして依頼します。SAの協力により取材班の作業に関しては、撮影のコツの伝授やデータの分類などにおいてかなり専門性が高まり、翌週授業で行うフォトレター作成を通した振り返りの効率を高めることにつながります。

④準備・片づけ担当班

　メインの遊び以外のコーナー（おもちゃ遊びコーナー、絵本〈可動式ラック〉コーナー、お昼寝コーナーなど）について準備や片づけ等を担当します。準備については、なかなか母親から離れられない子どもや集団での遊びの中に入れない子どもが、一人でも退屈せずに、そして母親も心配せずに過ごせるような遊びコーナーの設置を担当します。おもちゃ遊びコーナーや絵本コーナーを設置しています。遊び担当班が、当日のメインとなる活動の準備や進行に専念できるように、準備・片づけ担当班が個別に活動する子どもへの対応への配慮と環境整備を行います。おもちゃ遊びコーナーは、市販のおもちゃだけでなく連携班が制作した手作りおもちゃも配置します。絵本コーナーは、実習指導室と「あいあい相愛おはなしのへや」から自分たちで絵本を選定して貸し出してもらい、可動式絵本棚に配置します。

　片づけにおいては、担当班の学生が校舎の外まで見送りに出ている間に、忘れ物がないか等も含め部屋全体を確認し、絵本やおもちゃは元の場所に返却します。ブロックや積み木など、主に0歳児が遊んだ玩具は、特に衛生面に配慮し清潔な布で拭いてから片づけます。

　そのほか連携班では、参加している子どもの年齢・発達にあったおもちゃの制作や、実施日程の季節に合った壁面装飾の制作を担当します。

　このような役割を設定し、履修学生全員を4班に分けてすべての役割を、各班各自、責任をもって担当するようにしています。もちろん、以上のように役割分担はしていますが、活動時にはお互い協働し、全体に配慮しながら臨機応変に取り組むことを心がけます。

(3) 各回の活動計画と実践

　活動計画は、活動の流れと配慮のポイントについて次頁の表③のように記載します。特に活動の切り替わり時についてはスムーズに展開するよう配慮します。遊び担当班がその日の活動計画を作成します。リハーサルまでに立案し、リハーサルでの反省や助言を基に、翌週までに修正し、本番用の活動計画を作成します。2015（平成27）年度の第1回「よつばのクローバー」の活動計画を紹介します。

　さらに、過去に実践した主な遊びのプログラム例もp.127の表④で紹介します。

『よつばのクローバー』第1回目／活動計画

日時	平成　年　月　日（　） 13：00〜14：00	保護者（　）　人／子ども　人	天候
主な活動内容	①お母さん・お父さんへのプレゼントづくり ②ダンボールの空気砲で遊ぼう ③紙皿や空気砲に自由にシール貼りやお絵描きしよう		
主な活動担当者	○班（△△、・・・・・・・・・）		
準備物	★会場設営関連：丸テーブル6台（4台は主な活動用、2台は受付用）、敷物9枚、コーナー遊び用の遊具類（手づくりおもちゃ、ブロック、パズル、人形等いろいろ組み合わせて）、絵本ラック（実習指導室より約20冊絵本セット）、受付セット（名簿、母親用名札、子どもの名札用シール、カラーペン）、お昼寝用布団とタオルケット、その他（琴箱やティッシュ、夏場は蚊取り線香等） ★主な活動関連： ①プレゼントづくり用の紙で折ったシャツ赤・青各15枚、4台のテーブルに多種類のシール・クレパス・水性カラーペンを2セットずつ ②ダンボールで作った空気砲（大・中・小1つずつ） ③白い紙皿（直径20㎝・22㎝）各50枚、洗濯ばさみ（紙皿立て用、30個）、あとは①と同じ		

時間	活動内容	参加者の活動	スタッフの援助および配慮事項	主担当
	準備		・おもちゃ絵本、本日のメイン活動用教材等を子どもの目線で安全の確認をしながら配置する。	
12：00	受付	・受付し、名札をもらう。 ・子どもは好きな色でシールに名前を書いてもらい、背中に貼ってもらう。	・笑顔で迎え、部屋に案内する。親子が安心できる言葉かけをする。 ・スムーズに受付できるよう配慮する。 ・子どもの名札シールは、言葉かけを工夫して貼る。	
	コーナー遊び	・受付を済ませた親子からコーナーで自由に遊ぶ。	・事故防止のため、靴下を脱ぐことを伝える。 ・母親と離れたがらない子どもには、無理強いせず、様子を観ながら遊びのコーナーに誘ってみる。	
11：00	・活動趣旨の簡単な説明 ・写真や動画撮影承諾の確認	・遊びながら話を聞く。	・適宜、子どもたちと一緒に遊ぶ。 ・母親や子どもとかかわりながら、一人きりの母親や子どもが居たら話しかけ、援助する。	
	①お母さん・お父さんへのプレゼントづくり	・親子で学生の説明を聞く。 ・コーナーから離れない子どもは、無理強いせずに見守る。	・見本を見せながら、プレゼントの作り方を説明し、これからの活動に期待を持つようにする。	
		・各テーブルに分かれて座る。	・母親が各テーブルにほぼ均等に分かれるよう誘う。プレゼントづくりを親子と一緒に始める。	
			・テーブルの上のカゴに入っているいろいろなシールに気づき、好きなシール探しから楽しんで取り組めるよう言葉をかける。	
			・プレゼントづくりの援助、コーナー遊びの援助等、子どもたちが興味や関心をもっている活動で、孤立しないよう言葉をかけたりして寄り添う。	
11：25	②ダンボールの空気砲で遊ぶ	・ダンボールの空気砲の遊び方を見る。	・プレゼントが出来上がった親子からダンボールの空気砲遊びに誘い、やって見せる。	
		・挑戦してみたい空気砲の大きさを選び、やってみる。	・子どもが挑戦してみたい空気砲を一緒に選ぶ。 ・的として洗濯ばさみを足にして立たせた紙皿を、倒せたら一緒に喜び、次の活動につながるよう援助する。	
	③紙皿や空気砲に自由にシール貼りや絵をかく	・的にする紙皿や空気砲の側面に、好きなシールを貼ったり絵を描く。	・シールを貼ったり、色を塗ったり、絵を描いたりする活動に興味を持って楽しく取り組めるよう配慮し、援助する。 ・母親も一緒に製作活動を楽しめるよう配慮する。	
			・みなが楽しんでいるかどうか全体にも気を配りながら、個別でも親子に援助する。	
		・自分が作った紙皿を的にして、空気砲を楽しむ。	・子どもや母親が作った紙皿の的を並べる。倒して、並べての活動を繰りかえし楽しめるよう援助する。	
13：55	帰りの準備	・プレゼントや紙皿など持って帰りたい物を片づける。	・終わりの時間になったことを伝え、持って帰りたい物等忘れ物がないよう帰りの準備を手伝う。	
14：00	帰りのあいさつ	・帰りの身支度をし、あいさつをする。	・今日のお礼と次回への意欲や期待がふくらむよう、帰りの言葉かけをする。	
	見送り	・学生スタッフにお別れを言い、ベビーカーや自転車に乗る。	・子育て支援室の出入り口から外の通路まで見送りに行く。	
	片づけ		・子育て支援室や保育演習室の掃除と最終確認を行い、解散。	

表③ 活動計画

写真⑤ 空気砲で遊ぼう

写真⑥ ママにプレゼント

・下記は、15分間以上の比較的長く遊ぶプログラム例　・この他に、5分～10分程度の手遊びや読み聞かせなどをアレンジした比較的短い活動もある

プログラム名	活動の概要	プログラム名	活動の概要
おかあさんとおとうさんへのプレゼントづくり	・白い紙で折ったシャツに、シール貼りやクレヨンでお絵描き	ミニミニ運動会	・"ぴょ～ん"飛んでみよう、真似して遊ぶ
風船であそぼう！	・カラフル風船をたくさん膨らませ、ゴミ袋で作ったビニールシートと組み合わせて遊ぶ	大型絵本からからだあそびへ	・うちわは好きな絵を描いたりシールを貼る
ポンポン風船リレー	・うちわで風船を仰いだり、載せたりして運んで遊ぶ・うちわは好きな絵を描いたりシールを貼る	動物電車のってレッツゴー！	・ダンボール箱で動物電車を作って子どもたちを乗せて引っ張る
ダンボールの空気砲で遊ぼう！	・大小の空気砲と紙皿と洗濯ばさみで作った的で遊ぶ・紙皿や空気砲に自由にシール貼りやお絵描き	リズムにのってスキンシップ	・ピアノに合わせて体を動かす・ペットボトルで楽器作りとリズムに合わせて鳴らす
新聞紙であそぼう	・フラフープとゴミ袋で大きなかごを作り、新聞紙をちぎって、丸めて、的にして遊ぶ	シーツの海でお魚になって遊ぼう	・お魚になった子どもをシーツの上にのせ、揺らしたり引っ張ったりして遊ぶ
ハラペコペコリン	・絵本「はらぺこあおむし」の読み聞かせ・ダンボールで食べ物、チョウチョウの羽作りで変身	うたに合わせて遊ぼう	・「山の音楽家」でうた合わせ遊び（ピアノ伴奏）・手づくり楽器（ヤクルト容器でガラガラ）で演奏
アンパンマンに変身！	・マント作りとアンパンマンになってバラバルーンのバイキンマン基地をやっつけろ	ダンボール迷路とミニアスレチックで遊ぼう	・ダンボールで作った大型迷路・マットなど組み合わせミニアスレチック場
赤ずきんちゃんお話遊び	・手作りペープサートでお話とやりとり遊び	ペーパープールで遊ぼう	・ダンボールのプールとスズランテープの小さなポンポン水で、いろいろ遊ぶ
むすんでひらいてで遊ぼう	・手遊びからスキンシップ遊びへ	新聞紙でなにができるかな？	・ブタさん製作（新聞紙、ビニール袋、シール）
ミニミニサーキット遊び	・大玉、フープ、コーン、縄、マット、跳び箱、技巧台、トランポリンなど使ったコーナーを設置	トンネルとミニアスレチックで遊ぼう	・スズランテープで飾ったトンネル・トンネルに貼る絵の製作

表④「よつばのクローバー」過去の遊びのプログラム

(4) 振り返り

①「よつばのクローバー」振り返り学習シートによる自己点検・評価

4回の「よつばのクローバー」を活動後に「『よつばのクローバー』振り返り学習シート」（以下、「振り返りシート」とする）を配布し、自己点検・評価を行っています。表⑤が振り返りシートです。振り返りシートにより自己点検・評価する主な項目として、一つ目は自分自身の活動についてです。活動内容を報告し、役割が果たせたかどうかを自己評価します。二つ目は苦手とする保護者とのコミュニケーションについてです。会話が交わせたかどうか、そして交わせた場合の内容についてです。三つ目は、活動を通しての気づきや学びについてです。そして以上を踏まえた上で今後の課題を設定します。

表⑤「よつばのクローバー」振り返り学習シート

振り返りシートは実施日の週末までに担当教員に提出します。提出された振り返りシートの記入内容はすべてテキスト入力して、電子化します。翌週の授業で実施する振り返り学習の際にデジタル教材として活用します。プロジェクターで表示し、全員で振り返り内容を共有しながら、そして学生と教員が対話しながら学び合います。なお、振り返りの授業はICT環境が整備されている教室で実施します。

②フォトレターの作成と発送

　実践後の振り返りを充実させ、経験を通した学びの質をさらに高めるためにフォトレターの作成も行います。一人1台のパソコンが使用できる教室で実施します。作成時において学生たちは、その日の活動をあらためて振り返り、担当する親子の決定や、喜んでもらえるフォトレターの作成を目指して、活発に意見や情報の交換を展開します。さらに技術面の教え合いやそれまでの活動全般を振り返る作業も同時に進行することができます。

　教員は振り返りの援助とレター作成の技術面を中心に指導し、発送にあたり内容については最終確認を行います。

写真⑦ フォトレター

　作成したフォトレターは「『よつばのクローバー』に参加された感想」を質問した用紙と返信用封筒を同封し、教員が個人情報として管理する参加者名簿宛に郵送します。

　返送されてきた保護者の感想は学生にフィードバックします。学生は自由記述による感想をすべて読み、それらをもとにさらに反省と考察を行います。

4　子育て支援活動での学びと成長

　子育て支援活動に参加したみなさんは、どのようなことを学び身につけることができたのでしょうか。また、保護者に対する子育て支援の効果はどのようなものだったのでしょうか。保護者のアンケート結果と、それに対する学生の反省・考察から見ていきましょう。

(1) 保護者とかかわる力の育成

①保護者とのコミュニケーション力（会話する力）

　振り返りシートでは、「今日の活動で保護者と会話を交わしましたか」という質問に対し、5段階で評価するようになっています。4回の実践を通して、学生たちの自己評価の変容を図①と図②に示しました。実践を重ねるにしたがい自己評価の平均点は高くなっていました。保護者と徐々に会話を交わせるようになっている様子がわかります。1回目は、まったく会話できなかった学生が1割ほどいました。2回目になるとまったくできなかった学生は半減し、3回目ではまったくいなくなりました。会話を交わせるまでに多少の個人差はあるものの、3回目の実践ではかなり会話が交わせるようになった（4点もしくは5点評価をつけた）学生が、全体の約半数近くまで増えました。このように、実践の場を繰り返すことによって、経験を積み重ねることによって保護者と会話する力を身につけていくことが実現できています。ただし、3回の実践を通した後も、あいさつだけという学生も

多少残っていました。さらに実践を繰り返すことが求められると考えます。ボランティア活動等で経験を積むことも方法の一つでしょう。

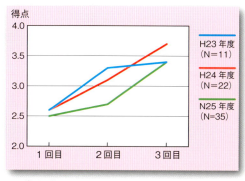

図① 保護者との会話に関する自己評価の平均点

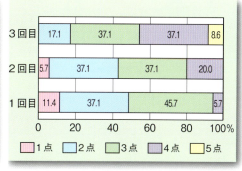

図② 保護者との会話に関する自己評価点数別の割合

②会話の内容

実践を繰り返し、経験を積むことで会話する力が高まることはわかりますが、実際にどのように会話を展開すればよいのでしょうか。

表⑥は、振り返りシートに報告された「会話の内容」の入力データの一部抜粋です。さらに、次頁の表⑦は3か年分の「会話の内容」を集約し、分類したものです。これらの資料は、具体的な会話の始め方や、取り上げる話題についてのヒントになります。

ID	会話の内容（1回目）	会話の内容（2回目）	会話の内容（3回目）
1	お子さんの年齢、月齢を聞いたりしました。	子どもの年齢、月齢を聞いたり、普段の様子や性格などを話していただきました。	子どもの年齢や兄弟構成などを聞きました。よつばのクローバに来てくださってから変わった子どもの様子や普段の様子・性格などを聞きました。
2	挨拶ぐらいです。	子どもが人見知りで、母から離れることないのに今日はお兄ちゃんお姉ちゃんと遊んでくれてよかったです。子どもが何歳なんですか？って聞きました。	子どもの様子のいろいろについて。
3	赤ちゃんを抱いているお母さんがいたので、「何か月ですか？」とか聞きました。	「人見知りである」など、子どもの性格・育児をする上での苦労することとかお話をしました。	日頃の子どもの様子。幼稚園へ通う不安。お母さん自身の話。
4	あいさつだけ	子どもの事について積極的に話した。	普段、この子はどのような事が好きなのか。また、僕の将来のことについても聞かれたので話しました。
5	手作りおもちゃは、学生が作っているのか聞かれた。	一緒の名前ですね。妊娠何か月ですか？今日は楽しかったとお礼を言われた。いつもは人見知りするのに今日は大丈夫みたいです、など話した。	前回のことを覚えてくれていて話しをしてくれた。楽しかったからまた来たいと言ってくれた。もうこれで終わりですよね、もっといっぱいしてほしいと言われた。お腹の赤ちゃんの話もした。

表⑥ 保護者との具体的な会話の一部

1回目の活動では、あいさつだけはするものの、それ以外では「二言三言」の会話を交わす程度です。その中身は子どもの名前や年齢を聞くというのが最も多く、それで会話は終わってしまっています。回を重ねるうちに、会話の内容には子どもの名前、年齢、好きな遊び、好きなことや興味のあること全般、普段の様子、性格や特性などが多く見られるようになります。このように、話題として子どもに関する事項が取り上げやすいことがわ

かります。保護者との会話は苦手意識があると思いますが、まずはこれらの内容を使って会話を試みてみましょう。

大分類	小分類	具体的な内容
子どもに関連したこと	子どもの身上・特性	名前、年齢、好きなこと、苦手なこと、興味・関心など
	生活習慣	排泄、おむつ替え、トイレトレーニング、寝起き、片付け、昼寝、夜泣きなど
	成長、発達	人見知り、年齢差、性差、聞き手など
	遊び	好きな遊び、好きなおもちゃ、好きなテレビ番組など
	今日の体調や表情・態度	風邪気味、眠たい、昼寝、緊張、テンションの高さなど
	心配事	男の子の育て方、発達障害など
母親自身や親子の家庭に関連したこと	仕事	職歴、特に保育職
	家族（子どもの父親や兄弟）	仕事、家事・子育てへの協力、若いころのこと
	居住地域	買い物、新しいお店など
	家事	家事労働（ご飯の準備・メニュー）、掃除など
	服装や趣味など	その日のファッション、ヘアスタイルなど
学生に関連したこと	学生生活全般	勉強、学外実習、ピアノの練習、留学、アルバイトなど
	人間関係	クラスメイト、友達、恋愛、けんか
	将来	卒業後の進路、保育者への道を激励
	子どものころ	保・幼時代、発表会、友達、遊び
	学生の身上	学年（年齢）、出身地、大学への志望動機、趣味や好きな人物など
その他	本日の活動内容	活動内容の感想・意見・評価、子どもに関する発見、前回の活動との比較
	子育て	子育ての大変さ
	天候	今日のお天気

表⑦ 会話の内容の分類

そのほかの話題としては、母親自身や家族に関連したこと、学生に関連したこと、活動内容への感想、前回活動時との比較、兄弟・家族のこと、子育てのたいへんさなどが見られました。やはり、実践を重ねるなかで話題も豊富になっていく様子が見られました。話題の豊かさが保護者との会話に影響することがわかります。

(2) 親子や子育てに関する理解

履修学生のほとんどが2回の保育所実習を経験しています。しかし学生らは、保護者が子どもとかかわる様子や保護者と一緒の子どもの様子、親子が一緒に活動する場面から、子ども理解や子育てへの理解が表面的であったことに気づきます。活動を通して子どもの発達や親の気持ちへの理解などが深まる記述が、振り返りシートから多く見られました。たとえば、授業で学習した「個人差」や「人見知り」ですが、文字の上での理解だけではなく、実際の場面を経験し実態を知りました。そして、そのような状況への保護者のかかわりから、今後の自分自身のかかわり方や活動への取り組み方に生かそうとする姿が見られました。また、顔なじみの親子が居ることや、前回までの活動がかかわりの質にも影響す

ることなども、今後実施プログラムを作成していく上で参考になる要素でもあります。

5 保護者への子育て支援効果—フォトレターの感想から

(1) 学生の子育て支援力育成効果

　ここでは、2015（平成25）年度に行った分析結果をもとに説明します。フォトレターは24件に発送、うち16件から感想が返送されてきました。学生は自由記述による感想をすべて読み、それらをもとに反省・考察を行いました。まず、フォトレターに対する5段階評価は平均4.8点（N=16）で非常に高かったです。母親の自由記述の主な内容は「家族みんなで話が盛り上がった」「名前を覚えてもらっていたことがうれしかった」「またぜひ参加したい」などでした。このような母親の感想や評価が学生にフィードバックされたことにより、学生は達成感を感じるとともに、活動の意義への理解をさらに深めることができました。

　フォトレターへの感想と同時にプログラムの実践に関する感想からも多くの学びが得られました。たとえば、「新聞が細かすぎると口や目に入る」「パラバルーンの持ち方が危ない」など安全面や、「もっとゆっくりできる時間がほしい」「男の人が苦手な子なので距離を置いて少しずつ接してほしい」「絵本の種類を年齢ごとに豊富にそろえてほしい」など、今後子育て支援活動を実施していくための具体的な配慮点についても学んでいきました。

(2) 保護者への子育て支援効果

　16件中14件は夫婦そろってフォトレターを見ており、残りも祖父母や子どもの兄弟と一緒に見ていました。あまり子育てに興味を示さない夫が興味をもつ様子や、家族が子どもを中心にそのときの話で盛り上がる様子など、フォトレターを通して家族のコミュニケーションが豊かに展開している様子をうかがい知ることができました。さらに、よつばのクローバーに参加し、学生たちの子どもへのかかわりなどを見ることで、「子どもの知らない一面、特性がわかる」「家でできない遊びができる」「子どもの活発に遊ぶ姿が見られる」「学生たちの作った手作りおもちゃが親にとって勉強になった」など、親の気づきが引き出されていました。子どもといつも一緒にいる親が一番子どもを理解していると思いがちですが、実は、親も子どもと共に親として発達する過程を歩みます。このような活動を通して、親の発達を支援する効果もあります。親としての発達を支援することは、子どもの発達の支援にもつながり、このような活動が子育て支援としての役割を果たしていることがわかります。

　学生は、「よつばのクローバー」の活動、そしてフォトレターの作成が、直接的および間接的に子育て支援につながっていることを確実に理解し、次への取り組みに生かしていってくれるでしょう。

第12章 ひろば型① 千葉明徳短期大学「育ちあいのひろば たいむ」

1 育ちあいのひろばのスタートと現在

千葉明徳短期大学では、1998（平成10）年10月より大学として保育・子育て支援の活動を始め、これまで17年間、担当やコンセプトを変えながら行ってきました。平成17年には、「誰もがいつでも集い、共に育ちあう場」という理念の下、「育ちあいのひろば ほっとステーション親子」として、文部科学省の「特色のある大学教育プログラム（特色GP）」の採択を受け、大学教育の、そして保育者養成のプログラムの先駆的な実践を行いました。

2011（平成23）年度より、「子育て支援」という限定された規模の活動に留まらない新たな展開の基礎を創るべく、「育ちあいのひろば たいむ」として、新たな一歩を踏み出しました。

2015（平成27）年度は、242日開室し、のべ保護者が1,239名、子ども1,884名、計3,123名（1日平均12.9名）の利用者がいました。利用する子どもの年齢と割合は、図①の通りとなっています。

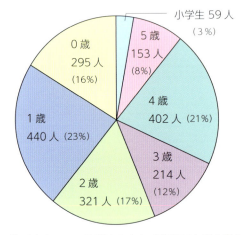

図① 育ちあいのひろば「たいむ」 利用児の年齢と割合

常勤スタッフ（2人）は卒業生を雇用しています。仕事や生活の転換期に学び直し、新たなステージに進むきっかけとなるよう位置づけています。近隣に子育て支援のひろば等も増え、同じようなメニューを行っていてもあまり意味をなさないため、日々、養成校における子育て支援のカタチ、「たいむ」ならではの支援のカタチを創ることを目指しています。

2 育ちあいのひろばの目指すもの

育ちあいのひろば「たいむ」では、子育ての当事者が主体的にその支援に参画する新たな支援の在り方を追求すること、学生の教育および卒業生のリカレント教育の在り方の追求を目指しています。そして、地域の子育て支援に留まらない、様々な年代の「育ちあい」

を目指して行きたいと考えています。

また、極力「子育て支援」という用語を使用しないようにしています。それは、支援する側・される側という区別を設けない、「お互いさま」の気持ちで当たり前に支えあえるような関係を育みたいと考えているからです。たいむの理念と基本方針は以下の通りです。

理念	○子ども・保護者・学生・スタッフが育ち、育ちあう場 ○みんながいろいろな「時間」を過ごす ○子ども・保護者・学生・スタッフがアイディアと力をだして、一緒に創る、みんなの広場
基本方針	①子ども・保護者・学生・スタッフが育ち、育ちあう場を創る。 ②子どもの最善の利益を追求するとともに、保護者が人として生きる過程を支援する。 ③育ちあいの拠点・保育・相談・情報提供・など、先駆的・実験的な事業を展開し、常に新しい価値観や意義を創造する。 ④附属幼稚園や地域の子育て関係団体等とつながり協働する。 ⑤保護者や学生の参画を促進し、主体的にかかわれる機会を創る。

表① たいむの理念と基本方針

3 育ちあいのひろばの概要

(1) 10のコンセプト

ひろばにおける活動のコンセプトは、以下のようになっています。

①地域の子育ての拠点
　子どもと保護者が集い、気軽に話や相談ができ、自ら活動するための場を創る。

②学生の教育・実践の場
　学生が、授業その他の機会に子どもや保護者とかかわる場創りを行う。特に、学生主催でひろばや活動を行う。

③障がいや発達に心配のある子どもや保護者の拠点創り
　週1日、障がいや発達に心配のある子どもや保護者の予約制のサロンを行う。

④附属幼稚園との協働
　附属幼稚園での子育て座談会、園庭開放、未就学児プログラムなどの補助を行う。

⑤地域のNPO等との協働
　地域の子育て活動団体などとの協働を行う。

⑥一時保育
　理由を問わない、1日おおむね4時間程度の一時保育を行う。

⑦子育てその他に関する情報提供
　SNSやおたより、掲示などでの、地域や子育ての情報提供を行う。

⑧保護者の主体的な活動の促進
　保護者発の活動やプログラムなどへの支援を行う。

⑨地域の親子の防災拠点
　学校が地域の広域避難所に指定されているため、防災拠点としての意識をもってもらう活動を行う。

⑩地域の貧困家庭への支援
　子ども食堂「まんぷくcafe」を月一回開催する。

(2) 育ちあいのひろばの内容

①たいむ（子育て当事者のつどいの場）

誰でもいつでも気軽に集える場の提供を行っています。そのなかで気軽に相談ができたり、保護者同士で語り合ったりできる機会や雰囲気を大切にしています。

開催日	火曜〜金曜：10：00－16：00／月一回土曜10：00－15：00
月	おやこのじかん（発達が心配な子ども・育児不安のある保護者のための予約制サロン）
火	たいむ：つどいの場／月一回ゼミで学生主催の運営を行う（後期）
水	たいむ：つどいの場／まいぺーす・まいすぺぇす（スタッフのいない開室）不定期
木	たいむ：つどいの場
金	たいむ：つどいの場／「まんぷくカフェ」毎月第3金曜16：00－20：00
土	たいむ：つどいの場（月1回開催）10：00－15：00

※参加費：登録料500円（登録手数料）。会費・1日100円・半年1000円・年間1800円（一家庭単位）。利用料ではなく、「いっしょに会を作る」という意味で、「会費」としている。
※一時的な保育（ミテテ）：1時間500円（おおむね4時間程度）。

②おやこのじかん（発達が心配な子どもとその保護者への支援）

少人数で、ゆったり集える予約制のサロンを行っています（毎週月曜日10：00－16：00）。育児に不安を抱えている家庭や障がいのある子ども、多産家庭へのレスパイトケアとして、広場で一時保育（ミテテ）を行っています。

③まんぷくCafe（子ども食堂）

写真① まんぷくcafeの様子1

写真② まんぷくcafeの様子2

i. 目的
- 夕食を共に食べることからはじまる地域のつながり創り
- 子どもと保護者の居場所づくり
- ひとり親家庭、貧困家庭等の親子への支援
- 子どもへの学習支援および、食事を通した生活支援・食育を行う
- 地域の防災の拠点[1]として、日頃から地域の人（特に親子）の集う場をつくる

---

1) 千葉明徳学園は、中央区広域避難所7か所の1つ。

ii. 内容

　まんぷくcafeは、2016（平成28）年度より始まった、子どもと保護者に食事を提供することをベースにさまざまな支援を行う活動です。毎月第3金曜日の16：00～20：00に、地域の親子を対象とした子ども食堂を運営しています。基本的には学内の調理室を使用して調理等を行いますが、中庭にかまどがあり、屋外での活動等も行っています。

　担い手は、たいむのスタッフ、学生ボランティア、地域のボランティアを活用しています。食事をするだけではなく、その前後の時間に、遊びのコーナー、学習のコーナーを用意しています。

　料金は、子ども100円・大人300円とし、個食・孤食にならないよう、いろいろな世代の人とわいわいと話をしながら、にぎやかに食卓を囲み、ひと昔前の「一家団らん」を再現したいと考えています。今後、ひとり親家庭や保護者の帰りが遅く一人で食事をするような子どもの参加を促進するようにしたいと考えています。

　さらに、学生ボランティアを活用し、食後、みんなで片づけをし、ひと遊びできるような時間を共有できるようにしています。

(3) 育ちあいのひろば たいむの環境

①室内のメイン活動スペース

　たいむでは、様々な年齢の子どもが、思い思いの遊びができるようなコーナーをつくっています。また、保護者にも居心地のよい空間づくりを心がけています。

写真③ 室内の様子

写真④ Cafe コーナー（飲食スペース）

写真⑤ あかちゃんコーナー

写真⑥ 廊下も遊び場に

②中庭

写真⑦ かまど

写真⑧ 遊び・団らんスペース

写真⑨ 植栽コーナー

写真⑩ 砂場

写真⑪ ミカン・柿・サクランボ

③図書館

　図書館の一角を開放して、親子が自由に絵本などに親しむスペースを設けています。ここでは、子どもと保護者が広場と図書館を行き来し、絵本や紙芝居等を閲覧することができます。さらに、図書の貸し出しも行っており、気にいった絵本や書籍を持ち帰ることもできます。

　また、学生が子どもに絵本の読み語りをする場面もあります。

写真⑫ 図書館（絵本コーナー）

(4) プログラムの内容

　ひろばでは、プログラムとノンプログラムの融合を目指しています。本来、あまりプログラムばかりを行うのではなく、ゆったり過ごす場であることを理想としています。まず、広場に来るきっかけとなるような、その季節に応じた活動や企画を行っています。

　季節の行事や活動について、季節感があり日常に潤いを与えるようなもの、家庭ではできないようなもの、「食育」などをテーマにすることを心がけています。

　また、スタッフが企画する活動、利用者が企画する活動、学生が企画する活動、教員が協働する活動など、プログラムの担い手が多様になるように意識しています。

○春

　花、サツマイモの苗植えや附属幼稚園での園庭遊びなど、植物の芽生えや、光、緑に囲まれたなかでの遊びの温かさに触れ、新緑の季節を感じるような活動を行っています。

写真⑬ 野菜の苗植え

写真⑭ 付属幼稚園での園庭遊び

○夏

　水遊びに加え、流しそうめんやどじょうつかみ、バーベキューなどの企画も行っています。夏休みということもあり、小学生も多く来るので、普段にはない異年齢の子どもで交流が生まれます。このような食べる体験や親子共々未知なる体験が、子どもの成長に意味ある経験となっています。

写真⑮ 水遊びや流しそうめん

写真⑯ どじょうつかみ（唐揚げ・柳川丼などの調理）

写真⑰ バーベキューや花火

○秋

　中庭に植えたサツマイモを掘り、焼き芋にして食べたり、木から直に柿やミカンなどをもいで食べたりと、実りの秋を体験・満喫します。

写真⑱ サツマイモ掘り

写真⑲ 収穫したサツマイモを洗う

○冬

クリスマス会や餅つき、節分、1年間を振り返る「おつかれさま会」など行います。おつかれさま会では、ビンゴやスライドショー、歌、参加者が子育てについて語る"一言トーク"なども恒例となっています。

写真⑳ 1年間おつかれさま会

写真㉑ 左から、クリスマス会・餅つき・節分

4 学生・教員の参画

　保育の実習体験ではなかなか得ることのできない、子どもだけでなく保護者と接する機会を創るため、たいむではあえて学生の生活圏や通路を遊び場にして、たいむに直接参加していない学生も、子育てや親子を垣間見られるように配慮しています。また、図書館とも連携し、図書館で子どもに接する機会も多くあります。学生の参画については、ゼミで行う学生主催のひろばの運営や「保育・教職実践演習」等での部分実習や活動の他、日常的に親子に触れ、気軽に子育てに触れる機会が多くあります。昨今、保護者がいる空間に「居づらさ」を感じる学生も多いため、学生がいかに気軽に遊びに来られるか、敷居を下げられるかにも配慮しています。

(1) 学生主催のひろばの運営

　2013（平成25）年度より、筆者が担当するゼミで、親子が集い楽しめる企画を行ったり、たいむの開室から閉室までを学生のみで行ったりする機会を設けています。学生が主体的に活動に参画する機会を次の表②③のように設定しています。学生は、ゼミの中で計画を立て、準備を行い、実践します。実践の後には、活動VTRを見ながら評価を行います。学生同士の協同の難しさや、準備の大変さ、計画と実際の違いなど、多くのことを体験から学んでいくのです。

年度	回数	概要
2013（平成25）年度	4回	特に名称はなかった
2014（平成26）年度	10回	「あ・そ・BU」
2015（平成27）年度	10回	「あそべ屋」
2016（平成28）年度	※全10回を予定	「TOYS」

表② 育ちあいのひろばを舞台に、学生が主催してきた活動

親	子	計	平均	回数	利用した子どもの年齢別の割合
182人	284人	466人	46.6人	10回	0歳　7.0%　1歳　13.4%　2歳　25.0% 3歳　13.0%　4歳　18.0%　5歳　22.5% 小学生　1%

表③ 学生企画　利用数、2015（平成27）年度

写真㉒ 学生主催の餅つき

写真㉓ 正月遊び

回	月／日	主な活動
1	10／14	焼き芋・落ち葉遊び
2	10／21	ホットケーキ作り
3	10／28	ハロウィーン
3	11／11	落ち葉遊び
4	11／18	新聞紙で服作り
5	11／25	ミニ運動会
5	12／9	落ち葉アート
6	12／16	クリスマス会
7	1／20	餅つき
8	1／27	お正月遊び
9	2／3	まめまき
10	2／17	劇「おおきなカブ」

表④ 学生運営ひろばの活動例、2014（平成26）年度

活動を通しての学生の感想 2014（平成 26）年度

学生A
　この1年の中で、ゼミの活動が一番印象に残っています。毎回企画を練り準備することや、活動を通して、人と協力することの大切さを学びました。

学生B
　人とのかかわりが苦手でしたが、人とのかかわりの難しさを改めて感じました。活動を進めるうちに少しずつかかわり遊べるようになりました。

学生C
　回数を重ねていく内に、変に気を張らず自然にかかわれるようになっていきました。絵を描くことや物を作ることなど、得意なことを生かすことができました。

学生D
　人とのかかわり、特に大人とのかかわりが苦手でした。まだ上手くかかわれないけれど、自分から（保護者に）声をかけることもできるようになりました。

学生E
　保護者とかかわることができるか不安でしたが、徐々にかかわることができるようになりました。子どもたちとかかわり、改めて保育士になりたいと感じました。

学生F
　改めて子どものことが大好きと気づきましたが、子どもばかりになってしまい、準備などできませんでした。小さい子とかかわることにもチャレンジしたり課題を見つけたり、たくさんのことを学ぶことができました。

学生G
　保護者や子どもとかかわることの楽しさを感じました。ほかのメンバーのかかわりを見て、自身を振り返ることもできました。保育士になって、保護者といろいろ話をしていきたいです。

学生H
　子どもの行動には一つひとつ意味があり、その子どもの気持ちに気づいたり、自分がどんな保育をしたいのか気づくことができました。

学生I
　一つのことに集中してまわりが見えていないことに気づきました。まわりを見ながら子どもの興味を引き出し、環境づくりができるようになりたいです。

(2) 授業での参加

　「保育・教職実践演習」等の科目で、部分的な活動を行ったり、また、「保育内容演習」や「保育方法演習」等の科目で、たいむの親子にかかわったりします。また、2016（平成28）年度より始まった、「まんぷくcafe」には、2年生のゼミ活動だけでなく、1年生の演習科目等での参加もあります。1年生は子どもとの遊びが中心ですが、時には簡単な調理の補助や配膳まで行うこともあります。

写真㉔ 授業での参画

写真㉕ まんぷく cafe

(3) 気軽に子育てに触れる場として

　たいむは、学生の行き交う場を活用しているため、学生は子どもと気軽に触れ合ったり、様子を垣間見たりします。なかには、子どもだけでなく保護者にも名前を覚えてもらい、声をかけられる学生もおり、そのちょっとした喜びが自信につながっていきます。卒業式に来てくれる子がいたり、道で行き交うときに声をかけられたりするなど、小さな触れ合いが学生にとっては大きな出会いとなるためです。

写真㉖ 学生との触れ合い

(4) 教員の専門性を生かした取り組み

　家庭ではなかなか保護者が目にすることのできないコンサートや、保護者向けの体操、家庭でも手軽にできる楽しい制作、子どもと楽しさを共有できるわらべうたなど、養成校で培われた教員の専門性を生かし"ちょっといい時間"を創り出す取り組みも行っています。

写真㉗ 左上：クリスマスコンサート、右：ゆるたいそう、
　　　左下：わらべうたサロン、中下：クリスマスオーナメント制作

5　利用者が企画する活動

育ちあいのひろば たいむでは、利用者自身が企画する活動を支援しています。これまで、フリーマーケットや衣類交換会のほか、体操クラブ、プラバン制作など、「利用者発」の企画が生まれてきました。今後もこうした活動が広がるようにしていきたいと考えています。

写真㉘ 学園祭でのフリーマーケット

写真㉙ 衣類交換会、後に常設コーナー

6　その他の事業・実践

(1) 実践を伝える

①おたよりの発行

毎月発行のおたよりに実践の紹介を載せ、活動の様子やかかわりの意図を利用者に伝えています。紙面は、「ニュース」、「事例」、「報告」、「情報・お誘い」、「今月の予定」で構成しています。

②WEBでの情報

　育ちあいのひろば たいむでは、ホームページやFacebook等のSNSを活用し、活動の様子を伝えたり、情報を提供したりしています。

【育ちあいのひろば たいむ ホームページ】
　　　http://www.chibameitoku.ac.jp/tandai/hotstation/hotstation.html
【育ちあいのひろば たいむ Facebookページ】
　　　https://www.facebook.com/hottostationtime
【まんぷくcafe Facebookページ】
　　　https://www.facebook.com/manpukucafe
【育ちあいのひろば たいむ twitter】
　　　https://www.twitter.com/sodachiai

 (2) まいぺーす・まいすぺぇす

　広場の究極的な形は、スタッフのいない空間の提供であり、自身で関係や活動を創ることであると考え、月に1～2回「まいぺーす・まいすぺぇす」という、スタッフのいない広場の提供を行っています。利用者は、自身で過ごし、片づけをして帰っていきます。

 (3) 次世代育成

　毎年、近隣の中学生の職業体験を受けています。子育て支援の広場であるので、キャリア教育という側面だけでなく、次世代育成支援という観点で、次に親になっていく世代を育てるためにも積極的に引き受けています。子どもたちと遊び、保護者の姿を見て、自分たちも心地よさを感じてくれたらと期待しています。

写真㉚ 中学生の職業体験

第13章 ひろば型②
東京都市大学 子育て支援センター「ぴっぴ」―学生の日常的な学び

1 学内子育て支援施設の成立

現在の東京都市大学の前身の一つである東横学園女子短期大学に保育学科が新設された2004（平成16）年に、「学内子育て支援センターぴっぴ」（通称「ぴっぴ」）も同時に開設されました。この施設は保育学科新設のための特色の一つでした。実際に地域の親子が遊ぶ場所として開設したものです。保育者養成をする学科にとって、乳幼児との触れ合いがないまま、大学

生になっている学生に実際の赤ちゃんや幼児、そして親を知る機会を与える施設として開設したのです。それから13年が経過し、東横学園女子短大は同法人の武蔵工業大学と統合し、大学名が東京都市大学と代わり、保育学科は東京都市大学人間科学部児童学科として2009（平成21）年から出発しました。学内子育て施設である「ぴっぴ」は地域の親子の「ひろば」として、これまで約2万組以上の家族に利用され、総利用者数は27万人を超えています。行政からの金銭的な補助は受けず、大学が運営している施設であるため、利用の条件はありません。大学のある東京都世田谷区だけではなく、近隣の大田区や目黒区、さらに神奈川県川崎市などに住む親子が利用しています。利用料金は1家族（何人でも）1日200円です。月曜日から金曜日までは午前10時から午後4時まで、土曜日は午前10時から午後1時までです。利用料金は、保険料や保護者（親）のインスタントコーヒーや紅茶代に使用されています。大学の入学式などの行事の際は閉館となるほか、大学の授業がない8月は夏休みになります。専任の保育者が日々3人常駐し、親子への必要な支援や学生指導の一端を担っているのです。

写真①「ぴっぴ」保育室の様子1

写真②「ぴっぴ」保育室の様子2

写真①②は、「ぴっぴ」保育室の様子です。子どもの安全を考慮して、床はコルク張りになっています。子どもは、電子ピアノや絵本、各種遊具で思い思いの遊びを楽しめるほか、すべり台などでダイナミックに体を動かすこともできるようにつくられています。

　また写真③のように、親子でくつろいだり食事などを楽しむキッチンコーナーがあります。おやつや食事など、親子はいつでも食べることができます。時間の制限はありません。子どもが空腹になる時間は、それぞれです。保護者が食べる時間を決めて、食べることができることが大切です。ただし、アレルギーが心配なので、食べかけのクッキーなどをこのコーナーの外に持ち出さないように保護者も保育者も気を配ります。

写真③ 親子でおやつや食事をとるスペース

2　「子育て支援演習」について

　「ぴっぴ」における子育て支援を学ぶ実習は、現在「子育て支援演習」という科目名で行っています。保育士資格を取得する学生の必修科目になっています。大学2年生から4年生にかけての3年間という変則的な学修で、単位は2単位です。各学年とも、期の始めには講義方式で授業の説明や目標を説明し、実際に「ぴっぴ」での実習は、説明を受けた後に自分が入れる時間に行います。また期の終わりには再び講義方式の授業で、自らの記録を基にグループ討論をし、考察をします。4年生はまとめのレポートとして、自分の理想の「子育てひろば」をデザインしています。卒業生の8割は、子どもとかかわる幼稚園や保育所、認定こども園などに就職しています。保育者になってかかわる相手は子どもだけではなく、保護者でもあることはいうまでもないため、保護者との信頼関係を築くことが保育に携わる際、たいへん重要になります。しかし、教育実習や保育実習では、子どもとかかわることが中心であり、保護者とかかわることはほとんど許されてはいません。朝と帰りのあいさつ程度では、保護者の気持ちなどを理解することは困難です。現在の教育実習や保育実習には、保護者とかかわる学びは基本的には含まれていないのです。

　ところが、実際に保育者になった際に新米の保育者が戸惑うのは、保護者とのかかわりなのです。保護者にどのように保育者としての考えを伝えればいいのかなどのことを学習することなく、保育という現場に立たなければならないのが実情です。つまり、現在、保育者になろうとする学生たちは、たとえば「家庭支援論」の科目を履修して、支援の方法を机上で学ぶことはできても、支援の実際を体験することなく保育現場に出て行かなければなりません。本学児童学科では、この支援の実際を体験できる場として「学内子育て支援センターぴっぴ」があるのです。

3 「学内子育て支援センターぴっぴ」での学生の実習の在り方

「学内に親子が遊んでいる部屋があるから、いつでも、都合のいいときに、気軽にその部屋に行くことができる」と思う人がいたとしたら、たいへんな誤解です。大学が学生の授業のために、言い換えれば学生の学習のために用意した施設であるので、利用者の親子にとってもプラスの働きがなければ学生の学びになりません。つまり、保育者が本格的な「支援」を行っていることが必要なのです。その「支援」とは何でしょうか？

「学内子育て支援センターぴっぴ」で大切にしているのは次の事項です。

> ①ゆっくりと、くつろげる場の環境構成をする（場所・人・もの）。
> ②「親子の遊び場」としての利用を支える。
> ③利用者の主体的な活動を支える。
> ④異年齢で出会い、交流することを大切にする。
> ⑤地域社会とのネットワーク作りと再生に寄与する。

すなわち、親子の「支援」とは、親が安心して子育てができるように支えることであるという基本に立ち、揺るがないことなのです。これらの理念を実践しているのが、「ぴっぴ」の保育者たちです。

「子育て支援演習」の科目では、「ぴっぴ」に実習に入ります。入り方のルールは、以下の通りです。

> **「ぴっぴ」実習の入り方**
> ①予約する。入れない事情が生じた際は、実習指導室か「ぴっぴ」に連絡する。
> ②同時に入ることができる学生は2名まで。
> ③記録用のノートは持ち込まない。
> ④60分間、室内にいて定められたテーマを行う。60分間が経過したら隣室（実習指導室）で「ぴっぴノート」に30分間は記録し、所定の位置に提出する（これで90分間、1コマ）。
> ⑤子どもを預かったり、親の相談に答えたりすることはしないで、保育者に伝える。
> ⑥利用者の親子に対しては、自分たちの学習に協力していただいているという気持ちを忘れない。
> ⑦個人情報を守る。

学年においては、たとえば次のような実習のテーマがあります。

- 2年生前期：親子を観察する。
- 2年生後期：保護者と話をする。
- 3年生前期：打ち解けて保護者と話をする。
- 3年生後期：フロアと保育者席から親子を観察する。
- 4年生前期：保育者の隣で業務を手伝いながら親子を観察する。
- 4年生後期：自分で決め、これまで行ってきたテーマで実践する。

4 「ぴっぴ」実習の意義

「ぴっぴ」における「子育て支援」の実習では、学生にとって次のような意義が考えられます。

- さまざまな家族を温かく受け入れる姿勢を学ぶ。
- さまざまな子どもの個性、成長のプロセスに触れる。
- 少し上の世代がする現代の子育ての大変さに理解を深める。
- 親子の交流の様子を見る。
- 保育者たちの連携の様子、地域のネットワークとの協働の様子について知る。

これらの意義が学生自身によって理解されていると、学生の記録から読むことができます。まずは、学生たちのほとんどが大変緊張して「ぴっぴ」に入ります。親子の観察をする目的で「ぴっぴ」に入る学生は、部屋のどこで観察をするのかを決めるまでには時間を必要とします。親子は「ぴっぴ」の室内のさまざまな場所で遊んでいます。その上、子

写真④ 子どもに合わせた遊びの提供１

写真⑤ 子どもに合わせた遊びの提供２

どもの年齢によって、その様子はまったく異なります。たとえば、3歳の子どもたちが2、3人いると、その活動は活発で、激しい動きをすることがあります。はいはいをするくらいの子どもが多いときには、親の近くで子どもはゆったりと過ごしているなどします。同じ状況はほとんどなく、学生が予約をして入る日や時間によって現れる様相はいろいろ異なっているのです。そこで学生は、どこに身をおくのかを自分自身で考え、決定するのです。親子の様子をしっかり見ることができて、親子の邪魔をしない場所を探すのはなかなか大変です。

ほかにも、保護者と話をするというテーマでは、どの保護者と話せるか判断するために、子どもの様子を見ながら子どもとかかわっていき、保護者につながるという方法を考えるまで時間がかかる学生がいます。一方、話す保護者を決めたら、さっと一直線に近づいて話し始める学生もいます。ほとんどの保護者は進んで学生と話をします。保育者になる勉強をしている学生という認識が保護者にはあり、その上でかかわっているようです。

このように「ぴっぴ」の利用者は、学生の子育て支援実習の意義を理解していると考えられます。

第14章 派遣型
日本福祉大学「NHKパパママフェスティバル」

1 大学や市民団体とNHK名古屋放送局とのファミリーイベント開催

　2015（平成27）年11月22日（日）と23日（月・祝）の二日間に、NHK名古屋放送局主催の「パパママフェスティバル」が開催されました（写真①②）。

　場所は、クリスマスを1か月後に控えた活気のある繁華街。子ども向け番組のキャラクターが登場するステージイベントを目指して、いつもよりもおしゃれをした親子が集まってきました。多くの人が行き交う街の一角で、造形のワークショップ（＝体験しながら学ぶ場）の創り手になった学生たちは、実際に、親子がどんなふうに休日を過ごしているのか、その姿の一端に触れることができました。天井が高く、空間的な広がりをもったスペースを使った（写真③）いわば「出前保育」によって、大学の授業ではもちろん、常設された園や子育て支援の場では得ることのできない貴重な経験を学生たちはしました。

写真① パパママフェスティバル（2015年）

写真② パパママフェスティバル（2015年）

写真③ 当日のワークショップ会場

写真④ 友だちと相談しながら準備

写真⑤ サークルで用意した輪投げ・射的遊び

写真⑥ 射的を楽しむ親子

　本活動は、保育者養成課程に在籍する保育者の卵である保育学生たちが、2年次の「保育学基礎演習」という保育の基礎を学ぶゼミナール授業の一環として、あるいは「児童文化部あかとんぼ」のサークル活動として、人の行き交う街なかで開催された親子向けイベントに組織的に参画した「子育てひろば」づくりの実践になりました。

　学生たちは、海の近くにある日本福祉大学の自然資源を使うことを考え、「もりのクリスマス・うみのクリスマス」と題し、海で拾ってきた貝殻を使ったクリスマスツリーやクリスマスリースをつくる造形遊びを企画しました。また、「輪投げ・射的遊び」コーナーを担当し、実際の親子の姿に触れ、「出先」に出向いて遊びを展開する体験もしました。ここでは、イベント型子育て支援に参加した学生の学びについて、"派遣型子育て支援の実践事例"として紹介します。

写真⑦ 「もりのクリスマス・うみのクリスマス」の看板づくり

写真⑧ 子どもが実際につくる姿から学ぶ

149

2 イベント参加への経緯—実習指導の成果として

そもそもこのファミリーイベントに大学としてかかわることになったのは、前の年に、日本福祉大学の学生が、同様のイベントにアルバイトスタッフとして参加したことがきっかけでした。イベント終了後、学生がお礼状をNHKの担当者に送り、その感謝の手紙が、本イベントの企画担当者の目にとまったことから大学に声がかかったのです。

どの大学でも同様ですが、保育者養成課程に在籍している学生であれば、実習後には必ず、お世話になった園の先生、児童福祉施設の職員の方々にお礼状を出します。現場の方々は、子どもや親に向かい合う多忙な実践の最中に、実習に来る多くの学生を指導しておられます。養成校としては、現場の実践者に過剰に負担をかけないようにしつつも、学生が一人前の保育者になっていくためには、現場の保育者から直に助言を受ける実習指導を欠かすことはできません。保育現場の協力なしに、保育者養成は成り立たないわけです。

だからこそ、実習で現場の保育者から受けた助言の意味を反芻しつつ、現場からの指導に対する感謝の気持ちをお礼状として伝える過程は、学生の学びにとって非常に重要です。お礼状を書くことを通して学生は、自らの実践者としての課題を謙虚に自覚し、職業として「保育・子育て」に携わることへの抱負を明確にしていきます。実際の保育の場に職業人として出る前に、保育者としての構えを身につけるためにも、お礼状はていねいに書くことが必要です。

このような実習指導を日常的に行うなかで、学生がお世話になった方へ出したお礼状が保育業界の外部からも評価されたことは、毎日学生に接している大学教員にとっても、とても喜ばしく、かつ大きな気づきをもたらすものでした。保育者養成課程において、保育現場とのかかわりを学生と共に積極的につくっている大学教育の成果は、常設されている保育園や子育てひろば内での実習時にのみ見いだされるものではないということに気づいたのです。つまり、街の中などの日常のひとコマでも、子どもと親が憩う場面に学生が遭遇したその瞬間には、保育者の専門性は発揮され得るのではないかと筆者たちは考えるようになりました。

このように、NHKの企画を大学のカリキュラムにつなげる試みは、学生の自発的な行動から生まれたのです。

3 派遣型・出張型の実践を学生と共につくる意義

ところで2年次の授業終了まで、4年制の保育者養成課程に在籍する学生には、保育現場に行って学ぶ機会がありません。2年次までに必要な単位を取ってようやく、子どもの前に実習生として立つことが許されます。つまり保育者になろうとしている学生は、大学のカリキュラム上、子どもと直接触れ合う機会を最初の2年間は保証されていないのです。

第14章　派遣型　日本福祉大学
「NHKパパママフェスティバル」

　授業でたくさんの保育理論を学んでいても、学生には、実際の子どもと接する経験がありません。どうしても机上の空論になりがちで、学生の気持ちが子どもの生き生きとした具体的な姿から離れていってしまうのも無理はありません。

　こうした状況に照らして、1～2年生には、保育の授業がよりわかりやすくなるように、日常的に子どもとかかわる機会を自分でもつくるよう呼びかけています。ただし、学生が自分で積極的に子どものいる場に出ていこうとする際、既存の保育園や幼稚園、あるいは子育てひろば以外にも子どもがいることは、これまで見落とされがちでした。みなさんがよく出かける街にも、もちろん子どもはいるのです。

　そこで、「保育学基礎演習」という2年次の基礎ゼミで、子どもと直接かかわる学びの場をつくりだす試みとして、街の中での親子の遊ぶ場を学生と共につくってみようと計画しました。

写真⑨「うみのクリスマス」を表す貝を見つける

写真⑩ 海に入って貝を拾いワークショップの準備をする

　学生たちは、クリスマスを1か月後に控えたこの時期の親子の遊びを、「クリスマス飾りづくり」に決めました。幼児から小学生くらいまでの子どもがその場でつくることを楽しみ、その親は「室内の飾り」として持ち帰ることを期待する、そんな造形遊びを企画したのです。街の中が自然に乏しい環境であることにも考慮し、大学近くの里山環境から、海で貝殻、森で松ぼっくりを拾い、これらの自然物を自由に使ったオブジェづくりを想像し、授業でイベントの準備として海へ貝殻を集めにいきました（写真参照）。学生たちは、子どもにとって安全で割れにくい貝殻であると同時に、大人が見ても欲しくなる美しさを備えた貝殻を一生懸命探しました。

　「派遣型保育」と言っても、その場に自分の身一つで行けば、直ちに保育ができるわけではありません。とりわけ保育経験のない若いみなさんには、準備が大切です。本番までに起こることを何度もイメージし、保育環境を整え、その場で生成されるであろう保育を整えるための準備をし、当日に備えました。

写真⑪ 用意した松ぼっくりで、親子と一緒にクリスマスツリーをつくる

151

4 「派遣」という在り方と保育者の専門性

ところで、「何もないところでも呼ばれてすぐに保育ができる」保育者の専門性は、今や、多くの被災地などでも求められるものになっています。各地で起こる震災に対し、直ちに、さりげなく、でしゃばらず、でも確実に、居心地のよい親子の空間を創造できる技術は、保育者として必須のスキルになっていると考えられます。

たとえば避難所などで、親が不安になりイライラと子どもにあたり、子どもは親からの安定を求めてぐずぐずするような場で、不安を取り除くやさしい声で語りかけ、親子の関係を見守ってくれる保育者の存在は、今後ますます重要になっていくでしょう。今回の「派遣」は学生でしたから、モノを準備し、環境を整え、親子を向かい入れる準備をして保育に臨みましたが、心地よい場を親子とともにつくることは、いざとなったらモノがない即席の場でも、どこででもできるようになることが保育者には必要だとも考えられます。

写真⑫ 心地よい場をつくる

それはどういうことなのかをていねいに考えてみると、親子関係の良好さを目指しつつ、子どもの育ちを見て親が安心するような場を構成できるかどうか、親と共に子どもの育つ場を楽しくつくることができるかどうか、そうした創造力が、保育者の専門性として問われているということではないでしょうか。つまり、本来は「常態としてあるべき安定的な保育の場」がない場合、そこに安定性をどう担保するかも、保育者の技術になってきているのではないかということです。

その際、まずは、子どもの姿をよく見て、その子が何に興味をもっているか確かめます。その子どもは、何を楽しいと感じる人なのか、何に夢中になって遊ぶのかを保育者は共に遊びながら知りつつ、遊びの幅を親の同意を得ながら用意し広げていきます。そのなかで、子どもが夢中になって遊ぶ姿を親がほがらかに見られるよう配慮しつつ、保育者は、親が目を向ける子どもの姿にも注視し、親子の関係の安定に努めることができるようになるでしょう。

写真⑬ 手遊び

そのうちに、親が子に向ける視線の中で、子どもが親からのどんなまなざしに気を遣い、どう振る舞っているのかも見えてきます。多くの親子に接するなかで、親子をとらえる見方が広がり、子どもの思い、親の願いに気づくことができるようにもなるでしょう。こうして親と子にかかわる「派遣」という保育の実践もまた、保育者の専門性を高める一つの試金石になるように思われます。

第三部 実践事例編

152

5 社会資源としての保育者養成校の役割
—学内だけの学びに閉じこもらない工夫

　最終的に、NHKパパママフェスティバルには、二日間の両日でのべ12,167人の親子が訪れ、そのうち1,900人ほどの親子が学生の準備したブースに立ち寄りました。放送センターのビル1F、エントランス（入口）という人の出入りの多い慌ただしいスペースであったにもかかわらず、学生が協力したモノづくりの空間では、ゆったりとした親子の関係が見られました。来場者からの声には、「運営スタッフの対応が良かった」「ブースのお兄さんたちがやさしくて楽しかった」などの意見が多く、たいへん好評でした。

　これまで、繁華街という高額のお金を費やすイメージのある場を、保育者養成校では、積極的な子育て支援の場として位置づけてきませんでした。そのため、街の中で、学生の学びを組織する努力をすることもありませんでした。しかし多くの親子が、おしゃれな空間、人の集まる場に足を運ぶことも事実です。このような「いつもと違う場」でも、親子の関係を見ながら親も子も穏やかに楽しく過ごせる時間を保証し、その後の親子関係がより良いものになることを願う保育者の仕事を創造・想像することは、このように「いつもとは違う派遣の場」でもできるのかもしれないと、今回の取り組みを通して学びました。

　たとえ2週間から4週間にわたる正規のカリキュラムに組まれた通常の保育実習でも、ある意味では、短い期間の子どもの発達しか学生であるみなさんは見ることができません。しかし、保育という実践の特性からして、学内だけで保育実践の学びを組織することもできません。保育者として何ができるのか、それぞれの保育現場に合わせた動きを想像し考えてみる機会は、もっと多様に用意されてもいいのではないでしょうか。

　今回の取り組みを通して、「派遣」された場に赴き、手持ちの資源で何ができるのかを瞬時に考え実践することは、保育者に必要な「子ども理解」や「保育の技術」の習得に役立つものだと感じました。親子が楽しく会話をしながら触れ合えるよう、学生たちは素材集めだけでなく、子どもの熱中度を見ながら、集中が持続する短い時間内でオーナメントが完成できるように考えました。当たり前のことではありますが、それぞれの親子に必要な異なる対応をしていました。一緒にオブジェをつくりたそうな親には一緒につくってもらい、子どもを見ていたい親には安心して見ていられるように席を用意して対応したのです。実施方法など入念なミーティングは必要ですが、「派遣」という保育形態もまた、臨機応変さを求められる保育・子育て支援を担う保育者の専門性を高めるための場として有効かもしれません。個別対応ができるようにするための準備などに手間はかかりますが、保育者が専門性を獲得するための可能性を感じた取り組みでした。

第15章 保育・子育て支援のまとめと展望

　ここまで読み進められたみなさんは、養成校が地域で行う保育・子育て支援活動といっても、いろいろな活動形態・内容、そしてポリシーがあることに気づかれたことでしょう。そして、その活動のきっかけは教員が始めたものが多いながらも、学生の動きがきっかけとなって始まったものもあることも読み取られたのではないでしょうか。そして、そのいずれもで、その後に教員と学生の協働が行われています。さらに、活動の中では子ども・保護者・学生・教員が何らかの発見をしながら育ちあっていくことが共通しています。

　ここでは実践事例編を振り返りながら今一度、この実践を通しての学び、そしてこの活動の今後の展望について考えていくことにしましょう。

1　実践を通しての学び

　養成校における保育・子育て支援の実践には、現時点では「教室型」「ひろば型」「派遣型」といった、それぞれ特徴のある型に分類できることがわかります。これは、それぞれの養成校がその置かれた状況から「今、ここで、新しく」できる活動を開拓した結果ともいえます。

(1) それは何のための活動か

　実践事例編を見ていくと、先ほど述べた「今、ここで、新しく」養成校が始めた活動には、それぞれの保育や子育て支援に対する「理念」、「ポリシー」あるいは「パッション」、つまり活動に対する情熱とでもいえるものがそこに流れていることが読み取れます。そのいずれにも共通するのは、少しでも「質の高い保育者の卵」を育てたいという教員側の思いと、「保育を実践の中で親子に触れながら学んでいきたい」という学生の思いが織りなされた活動であるということです。それらを核に始めた活動に、親子の参加があって、次第に「出会った人が育ちあえる場」になっていく。あるいは、一回限りの活動であっても、準備をして向かうことで、その場で出会ったお互いの理解を深め合う場になる可能性を秘めているのです。

　一方、この活動には「支援」という言葉が入っています。その言葉の性質上、どうしても「何かをしてあげなくてはならない」ということを連想しがちです。しかし、実践事例

編で取り上げたどの活動も「してあげる・してもらう」という勾配のある関係を目指してはいません。むしろ学生も教員も子も親も、「人」という対等な立場でお互いの理解を深めていく、そのような中で「必要」から育まれた自然な支援が行われているといってよいでしょう。人とのかかわりが希薄といわれる現代において、「人とのかかわり」の原点を見いだす活動ともいえます。

また、親や子に寄り添うという体験も、保育の原点ともいえる体験の一つといえるでしょう。このように、学生としてどの形態の活動に参加しても、「保育」や「子育て支援」の原点に触れ、そこからそれらに対する考えを深めていくことができるのです。これは今後、みなさんがどのような保育をしたいのかという「保育観」や、どのような子どもに育ってほしいかという「子ども観」を自分の中に構築していく大きな

写真① 今日は何して遊ぶ？

きっかけとなります[1]。それを現実の親子と出会うなかで育んでいくことができるのがこの活動といえます。

(2) 学生として具体的に学べること

実践事例編からは学生が多くのことを学び取っていることがわかります。学内での講義や、学外実習とは異なるこの学びの特徴を具体的に見ていくことにしましょう。とはいえ、以下に述べる学びのすべてがどの活動でも等しく得られるものではありません。みなさんの参加する活動によってその濃淡はあるのです。その濃淡はありながら、いずれもが保育や子育て支援の本質に迫るものであるといえます。

①保育のサイクルを体験できること

通常、保育の実践は「このような保育がしたい」という理念のもと、『出会う子ども（親を含めた）の姿を予測する』➡『計画を立て準備をする』➡『実践を行う』➡『実践の省察を行い、次の子どもの姿（親を含めた）を予測する』というサイクルを繰り返し、目指す保育の実現に向けて日々行われていきます。保育者の卵を育てることを使命とした養成校で行う活動を、本書では単に「子育て支援演習」ではなく、「保育・子育て支援演習」とした所以でもあります。

このサイクルを体験することができるのは教室型にとどまりません。ひろば型や、派遣型においても「予測」し、「準備」して実践後に省察し、また次の活動につなげることを思考していくわけです。保育実践のサイクルでありつつ、実は保育者の思考のサイクルといってよいと思うのです。保育のサイクルを体験することによって、この保育の根本思考スタイルを主体的に身につけられるといえるでしょう。

---

1) 平成29年3月告示予定の幼稚園教育要領、保育所保育指針、幼保連携型認定こども園教育・保育要領に、育ってほしい子どもの姿の一例が示されています。

②活動の運営主体の一翼を担うこと

　どの活動も、運営主体は教員であり、学生であるということです。参加者を募る場面から、学生が自ら地域に出向いている活動も少なくありません。どうすれば親子が集まってくれるのか、そんなことから始まるわけです。お膳立てのできたところにみなさんが乗せていただくのではなく、学生が「自分たちもお膳立てに加わる」ことがポイントになっている活動があることをおわかりいただけたのではないでしょうか。そして活動開始後も、学生間の協力・協働はもとより、教員と学生が知恵を出し合っていきます。次に、その知恵を出し合った活動に参加してくれる親子と共に「よい時を紡いでいく」、つまり子どもにとっては思い切り自分を発揮して遊べる場に（なんといっても、子ど

写真② 活動の実施に向けての打ち合わせ

もは遊ぶことが生きることそのものなのですから）、そして保護者にとっても居心地よくてホッとするような場にしていきます。それにより、保護者は、子どもってこんなに夢中になって遊ぶんだなどと気づき、子どもは、お兄さん、お姉さんがほんとうに自分にやさしいなどということを新しく発見していく場にもなっていきます。そんな保護者とのかかわりから、みなさんは保護者の気持ちや、人生のちょっぴり先輩としての知恵を分けてもらうこともあるのです。それは、実践事例編のあちこちから感じ取られたのではないでしょうか。そして、先ほども述べた保育のサイクルを主体的に体験しながら、その次の活動を教員と共に創っていくわけです。その意味で教員と学生は運営主体の両輪ということになります。

③保育の場を共有し、みなで語り合える

　これは、特に準備や話し合いのときに行われていることがおわかりのことと思います。そして、その後の実践を共有しています。なかなか学生同士、あるいは教員も含めて同じ実践の場を共有できるという体験をもつことは難しいものです。学外実習のときは、多くの場合、学生によって実習の場が異なるので、異なる体験を話し合うことはできても、一緒に保育にあたった体験を話すことはできません。ところが、ここでは実践自体が共有できる環境にあるので、「子どものこと、保護者のこと、保育のこと」を語り合うことができます。これは今後、保育の現場に出たときにもとても必要な力であることはいうまでもないことなのですが、なかなかそれを培うチャンスが少ないのも事実です。この活動では、少しでも「参加する人々にとって良い場を創りたい」という目指す方向に向けて一緒に準備し、話し合うことが欠かせないゆえ、語り合う力を培うことができているのがおわかりになったことと思います。

④保護者とのかかわりを体験できること

　これは、この活動の一つの大きな特徴といえます。どの活動に参加した学生も、一様に

このことに触れています。保護者の動きを観察することもできますし、実際に話してみることもできます。話の内容も、あいさつから日常の細々したこと、子育てに関することなど多岐に渡っています。それを今の自分の力に応じて、試してみることができるわけです。初めからうまくいくというわけにはいかないでしょうが、保護者は自分たちが恐れているような存在でないことも、このかかわりを通して体感していくわけです。

⑤ 保育者の専門職としての子育て支援の実際を学べること

　実践事例編の中で、養成校が保育の専門職である保育士を配置し、あくまでも親子が主体となる良質な子育て支援の場を地域にもつという高い志をもってこの活動を始められたところもあります。そして、そこに保育者を目指す学生が親子の場であることを尊重しつつ、観察させていただくというスタイルで学生の学びを保障していくわけです。ここでは、学生は保育の専門職の実際の親子へのかかわりや見守り方を学びつつ、親子がどうしたら安心して子育てができる場になるのかを考えるチャンスを与えられます。あくまでもその場を壊さないように、3年かけて徐々にその学びを深めていくという道筋です。学生が主体的に場をつくりながら学んでいくという方法とは異なりますが、「プロ」の子育て支援の場に観察や、ある意味見習いという形で参加させていただくことで、将来の自分は子育て支援をどのようなスタンスでやっていくのかということをじっくり考える時間が保障されているといえるでしょう。

⑥ 親子が居心地のよい空間を模索する力をつけること

　学内で自前の保育・子育て支援の場をつくるだけではなく、学外に飛び出して、その場を創出している例もありました。ここでは「派遣型」と呼んでいます。そして、今回のこの事例では「休日の繁華街」という不特定多数の人が休日に出る場所に出向いて活動を行っています。ここでも、基本的には学生はその場を構想し、自分たちのできるだけの準備をして活動を始めています。ある意味、「一期一会」の活動です。そしてその活動の中に、実は定期的に行っている活動とは少し色合いの違う学びがあることがわかりました。「その場に行きたい！」という動機をもっているわけではない、繁華街に遊びに来た親と子に「心地よい場」を提供するというとても難しい課題の中で浮き出てきた

写真③ その場に応じた保育を実践する[2]

学生の学びは、「子ども理解」や「保育技術」の習得も「子どもの育ちを見て親が安心する場」や「親と共に子どもの育つ場を楽しくつくること」には必要不可欠であること、「親にとっても、子どもにとっても安定的に過ごすことのできる場」を創出することの意義であったのです。地域における保育・子育て支援は恒常的な場でなくても、学生の側に知識や技術に裏付けられた想像力があれば実現可能であることを示してくれた活動といえます。

---

2) 写真③「パパママフェスティバル」NHK 名古屋放送局、2015 年

2 保育・子育て支援における今後の展望

　これまでは養成校がそれぞれに、自分たちのできる力を結集して立ち上げた保育・子育て支援活動の一端に触れてきました。学びの主眼の置き方はそれぞれで、そこからいろいろな発展の可能性があることも読み取れたのではないでしょうか。保育・子育て支援から地域の子どもたちへ向けての活動の発展を見たところもあります。また、養成校ですから、学生の保育者としての育ちに寄与する活動であることを目指すことは、どの活動にも共通しています。

　少子化、核家族化、都市化などによる、保護者の育児経験不足や孤立感、また、長時間労働や共稼ぎ世帯の増加による育児困難感の増加により、幼稚園・保育所・認定こども園などの学校、子育て施設における子育て支援活動は、今後一層の充実を求められています。そのためには、それぞれの園が単独で活動を行うには自ずと限界があり、専門機関や地域社会との協働が大切です。将来の保育者を育成する保育者養成校は、地域社会における専門機関であり、また重要な地域資源といえます。地域保育において、親子・園・地域社会の間で潤滑油の働きを行うとともに、学生が親子との充実した触れ合いのできる保育体験を得つつ、子どもは新しい友に出会い、新しい遊びや学びを体験でき、保護者は子どもの新しい一面や保育に関する知識に触れられる、そのような保育・子育て支援活動が社会から養成校に求められているのではないでしょうか。

　また、近年の東日本大震災（平成23年）、熊本地震・鳥取県中部地震（平成28年）や、異常気象による水害等、日常の生活が断たれ、避難生活を余儀なくされている方々も多い昨今の状況から、こういった非常時の保育ということを保育者が待ったなしに考えていかなければならないという状況もあります。そんな今という時代に、実践事例編では様々な状況に対する応用可能性が示唆されました。

　今、置かれた状況の中から、地域の特性や今という時代の要請を考えつつ、自分たちのできることを「保育の核」をもった養成校の、地域における「保育・子育て支援」として実現していく。そんなことが求められる時代になっているのだと思います。

　保育研究者の津守眞（真）は今から50年以上前にこんな言葉を書き残しています[3]。

> 「われわれの住む世界は、未知のことにみちている。おとなも、子どもも、すべての人が未知の世界にぶつかり、予期しないできごとに対処して、それぞれに応じて建設的に道を切り開いてゆかねばならない。それには、すでに分かったやり方だけに頼っていることはできないし、すみからすみまで用意され、お膳立てをされた道の上を歩いていたのでは、予期しないできごとに対処する態度は養われないのである。将来に向かって開かれた世界には、きまったレールはない。新しい方向に、今までにないものをつくってゆくのが、将来に向かって歩んでゆく人間に課せられる課題である。もちろん、それは全く新しいものではない。むしろ、客観的には、旧いものが九〇パーセントであるかもしれない。しかし、その人の世界の中で、新しく遭遇した要素を自分で消化して、一

---

3) 津守 真『「不安定に耐える力を養うこと―教育計画における柔軟性の必要について―」幼児の教育 Vol.63 no.10』日本幼稚園協会、1964年、p.29

歩を進めるならば、それは新しい発展なのである。私どもは、年少者の教育において、この未知の不安定なものに対処する態度を養うことを、ひとつの重要な課題として考えてゆかねばならないと思う。私どもの世界は、われわれの好むと否とにかかわらず、個人を不安定にする要素は増加している。幼少時の教育から、このような基本的な問題を考えることによって、個人が精神的に破綻することを予防することができるし、社会の問題の建設的な解決に役立つことができると思う。

　これが50年以上前の文章であることに驚きを隠しえませんが、人間のこと、人間社会のことの根幹の問題はいつも変わらずあるということなのだと思います。

　細々とした立ち上げであっても、学生と共に道を切り開いていくと、その養成校らしさがにおい立つ活動に成長していくこと、そして様々な応用可能性があることは、この実践事例編で見た通りです。

　今、子育て支援の地域資源でもある養成校は、この不安定な時代にあって、どんな保育者を養成したいのかという根幹に立ちかえり、自分たちの保育スピリットを基幹にすえた保育・子育て支援を立ち上げるときに来ているのではないでしょうか。

おわりに

　保育者養成校の保育・子育て支援の実践をなんとか本として出版できないだろうか。このような思いに至ったのは、2013（平成25）年に行った保育者養成校を対象とした全国調査の結果が大きく影響しています。全国のほぼすべての保育士・幼稚園教諭を養成する大学・短期大学等〔565校（課程）〕に対して、自校のキャンパス内で行っている保育・子育て支援活動の実態を問う質問調査を行った結果、回答した約7割の養成校が何らかの子育て支援活動を行っていることがわかりました。

　こんなにも多くの養成校で保育・子育て支援の実践が行われているなら、ぜひ本としてまとめたいと強く思ったことが思い出されます。そんな思いを共有してくださった本書の執筆者は、学生とともに保育・子育て支援活動を行っている方ばかりであり、多くの養成校で行われている実際の実践を収めることができました。この実践事例編の内容を見ると、親子のため、学生の学びのためという根っこの目的は同じではありますが、各校がおかれている状況や成り立ちによる違い、いわゆる独自性も感じられます。これから養成校で保育・子育て支援を始めようとする方にとって、さまざまなバリエーションを知ることができ、自分たちが始められそうなこと、取り組めそうなことの参考になる内容となっています。また、基礎編、演習編では、保育・子育て支援の基本的な考え方、活動の基礎となる内容や方法を実践的に学ぶことができると考えられます。

　近年、保育者には子育てを支援する役割が期待されています。このことは、子どもの幸せを第一に考え、その実現のために保育者と親が共育（共に育てる・育ち合う）をすすめていくことといえます。法制度を見ても、2015（平成27）年度から開始された「子ども・子育て支援新制度」では、保育の必要性を認定する仕組みが導入され、それぞれの家庭の事情を踏まえた保育内容の実施、保護者へのかかわりがきめ細かく求められる時代となっています。つまり、保育者と家庭との密な連携が一層求められているのです。

　このような時代背景もあり、今後ますます保育者にとって保育・子育て支援の重要性は増していき、多くの養成校で親子を支援する力を育む保育・子育て支援の活動は行われていくと考えられます。個人的な思いになりますが、私自身、親子とかかわり子どもの成長に実際に触れることができるこの活動に非常にやりがいを感じています。教員と学生が役割を共有して一つの活動に取り組む実践は、アクティブラーニングの最たるものではないでしょうか。やりがいがあって、しかも学びが大きい保育・子育て支援の活動が、ますます多くの養成校にひろがっていくことを期待しています。

　最後に、本書の執筆者や執筆に協力してくれた方々とともに、本書の企画から刊行にいたるまで多大な労を費やしてくださった萌文書林の東久保智嗣氏に心より感謝いたします。

2016年12月　編者　小原敏郎

【参考文献】

○序章
- 全国社会福祉協議会『機能面に着目した保育所の環境・空間に係る研究事業総合報告書』2009年、第2章・3章

○1章
- 小原敏郎・橋本好市・三浦主博 編著『演習・保育と保護者への支援』みらい、2016年
- 厚生労働省『保育所保育指針解説書』フレーベル館、2008年
- 文部科学省『幼稚園教育要領解説』フレーベル館、2008年

○2章
- 全国保育士会倫理綱領（全国保育士会ホームページ：http://www.z-hoikushikai.com/about/kouryou/index.html）、2016年11月アクセス
- 無藤隆『保育の学校3』フレーベル館、2011年
- 文部科学省、中央教育審議会『チームとしての学校の在り方と今後の改善方策について（答申）』2015年

○3章
- 倉橋惣三 著、津守 真・森上史朗 編著『倉橋惣三文庫③「育ての心（上）」』フレーベル館、2008年
- 経済産業省『社会人基礎力』、http://www.meti.go.jp/policy/kisoryoku/、2016年11月アクセス

○4章
- 佐藤郁哉『フィールドワークの技法』新曜社、2002年
- 中澤潤「人間行動の理解と観察法」、中澤潤・大野木裕明・南博文（編）『心理学マニュアル　観察法』、北大路書房、1997年

○5章
- 東京都市大学人間科学部子育て支援センター『「ぴっぴ」10年のあゆみ』東京都市大学人間科学部、2014年
- 牧野カツ子『子どもを持つ母親の生活と〈育児不安〉』家庭教育研究所紀要第3号、1982年

○6章
- 図②
  大豆生田啓友『支え合い、育ち合いの子育て支援』関東学院大学出版会、2006年のp.46図2・1「子育て支援の環境システム」に示唆を受けて作成。
- 1節（3）②―ⅲ
  青木久子、河邉貴子、間藤侑『子ども理解とカウンセリングマインド』萌文書林、2001年、の序章において示されている、状況に身を置き、一つの現象がもつ意味の多様性を見出していこうとする心もちという考えを参考にした。
- 2節冒頭「地域連携」
  内閣府・文部科学省・厚生労働省『利用者支援事業ガイドライン』2015年6月に示されている。ただし、主な連携先関係機関等に「学校」は挙げられているが、児童・生徒が在籍する学校という意味合いに受け取れるものであり、保育者養成校は、現状としては含まれていない。
- 2節（1）「地域子育て支援拠点事業」
  渡辺顕一郎・橋本真紀 編著『地域子育て支援拠点ガイドラインの手引き第2版』、中央法規出版、2015年
- 2節（1）第三段落「子育て支援拠点事業」
  橋本真紀『地域を基盤とした子育て支援の専門的機能』ミネルヴァ書房、2015年、において、社会福祉施策の流れにおける地域を基盤とした総合的な支援体制の分析がなされ、地域を基盤としたソーシャルワーク理論で地域子育て支援実践をとらえる考え方が提示されている。
- 2節（1）最終段落「妊娠期から子育て期にわたるまでの切れ目のない支援の実施」
  厚生労働省ホームページ『平成27年度子育て世代包括支援センター事例集』に全国9市区町村の事例が報告されている。
- 2節（3）第四段落
  平田祐子『ケースマネジメントによる子育て支援コーディネート』ミネルヴァ書房、2015年、では、支援を必要とする親子のニーズを把握して適当なサービス（資源）につなぐ子育て支援コーディネート事業は、2003年に創設され、2005年から改正児童福祉法により市町村の責務として位置づけられ、2015年の子ども・子育て支

援新制度においては「利用者支援事業」がこれにあたるものであるとしながらも、その役割を担う人材（利用者支援専門員）の育成の在り方や、子育て支援コーディネートそのものの理論的枠組みについての課題を指摘している。

- 2節 （4） 第①第一段落1行目「地域連携に寄与」
  指田利和『こども教育宝仙大学と東京都中野区との地域連携について ― 保育者養成・子育て支援・地域社会 ―』、こども教育宝仙大学紀要3、2012年、では、4年制大学としての設置申請の趣旨実現のために、行政に地域連携の申し入れを行い、回答を得てその体制を始動させた事例が報告されている。
- 2節 （4） ①第一段落「人と人とがつながり、学び合い、支え合えるような支援」
  子育て支援プロジェクト研究会 編『子育て支援の理論と実践』ミネルヴァ書房、2013年、p.6、にこの考え方が示されている。
- 2節 （4） ①第二段落「地域の保育・子育て支援にかかわる場との交流・協力」
  保育者養成校における子育て支援研究会『保育者養成校が行っている"子育て支援"活動に関する調査研究報告書』、2014年、において用いられている運営主体の類別である。
- 2節 （4） ①「相談機能を有する子育て支援の場を創る4年制大学や短期大学は年々増加している」
  矢萩恭子「2歳児保育室「あそびば『ぽこあ』」における成果と課題 ― 保育実践力養成と子育て支援の相互機能の側面から―」田園調布学園大学紀要第8号、2013年、p.86では、全国400校あまりの保育系大学・短期大学において60余りの学校に独自の子育て支援施設が設置されていた。森下順子・村田和子・小笠原眞弓による調査・研究報告書『地域子育て支援』の強化に向けた地域と大学の連携に関する研究」2014年の調べでは、何らかの子育て支援事業を実施している大学数は80以上に上っている。

○7章

- 石川昭義・小原敏郎 編『保育者のためのキャリア形成論』建帛社、2015年
- 小原敏郎・神蔵幸子・義永睦子 編『保育・教職実践演習 ― 保育者に求められる保育実践力 ―』建帛社、2015年
- 小原敏郎・橋本好市・三浦主博 編著『演習・保育と保護者への支援 ― 保育相談支援 ―』みらい、2016年
- 厚生労働省『保育所保育指針解説書』フレーベル館、2008年
- 津守 真・本田和子・松井とし・浜口順子 共著『人間現象としての保育研究　増補版』光生館、1999年

○8章

※★印の文献は、インターネット上で検索して読むことができます。（お茶の水女子大学 教育・研究成果コレクション TeaPot　http://teapot.lib.ocha.ac.jp/ocha/、2016年11月現在）

- 伊藤美保子・西 隆太朗 編著『保育の中の子ども達 ―ともに歩む日々』大学教育出版、2012年
  保育者がどんなふうに心を込めて保育にあたっているかが、写真とともに描かれている。
- 倉橋惣三「育ての心」『倉橋惣三選集第三巻』フレーベル館、1965年、p.40（『倉橋惣三文庫3 育ての心（上）』フレーベル館にも収録）、子どもたちを大切にする保育の原点が、親しみやすく語られている。
- 津守房江『育てるものの目』婦人之友社、1984年
- 津守 真「子ども学のはじまり」『幼児の教育』Vol.75、No.1、1976年、pp.60-64（『子ども学のはじまり』フレーベル館、1979年にも収録）★　遊びの世界の大切さが、子どもと出会う著者の体験とともに述べられている。
- 津守 真「全部自分のものにしたい心」『幼児の教育』Vol.98、No.8、1999年、pp.4-7 ★
  人間的な保育観が、家庭での実際の生活や、保護者支援の体験とともに語られている。
- 山中康裕『少年期の心 ― 精神療法を通してみた影』中央公論社（中公新書）、1978年
  遊びやイメージを生かしたカウンセリングの実際を知ることができる。

○9章

- ドナルド・A・ショーン 著、柳沢正一・三輪健二 監訳『省察的実践とは何か　プロフェッショナルの行為と思考』鳳書房、2007年
- 無藤隆『幼児教育の原則』ミネルヴァ書房、2009年

○15章

- 小川清美・土谷みち子『『あたりまえ』が難しい時代の子育て支援　地域の再生をめざして』21世紀保育ブックス フレーベル館（Kindle版）、2007年

【編者】 （敬称略、50音順）

入江 礼子…序章／10章／15章
　　共立女子大学 家政学部 児童学科　教授

小原 敏郎…1章／3章／7章／10章
　　共立女子大学 家政学部 児童学科　教授

白川 佳子…4章／9章／10章
　　共立女子大学 家政学部 児童学科　教授

【著者】 （敬称略、50音順）

石井 章仁…12章
　　千葉明徳短期大学 保育創造学科　准教授

小川 清美…5章／13章
　　東京都市大学 人間科学部 児童学科　教授

塩崎 美穂…14章
　　日本福祉大学 子ども発達学部 子ども発達学科　准教授

恒川 丹（あきら）…7章 第4節
　　共立女子大学 大学院 家政学研究科 人間生活学専攻（博士後期課程）

中西 利恵…11章
　　相愛大学 人間発達学部 子ども発達学科　教授

西 隆太朗…8章
　　ノートルダム清心女子大学 人間生活学部　児童学科　准教授

三輪 穂奈美…7章 第3節・第5節
　　共立女子大学 大学院 家政学研究科 人間生活学専攻（博士後期課程）

矢萩 恭子…6章
　　田園調布学園大学 大学院 人間学研究科 子ども人間学専攻　教授

和田 美香…2章
　　東京家政学院大学 現代生活学部 児童学科　准教授

※所属はすべて2016年12月時点のものです。

子ども・保護者・学生が共に育つ

保育・子育て支援演習

～保育者養成校で地域の保育・子育て支援を始めよう～

装　　丁　㈱ユニックス
イラスト　西田ヒロコ
DTP制作　㈱ユニックス

2017年1月31日初版第一刷発行

編 著 者　入江礼子・小原敏郎・白川佳子
発 行 者　服部直人
発 行 所　㈱萌文書林
〒113-0021　東京都文京区本駒込6-25-6
Tel：03-3943-0576　Fax：03-3943-0567
E-mail：info@houbun.com
ホームページ：http://www.houbun.com

©Reiko,Irie・Toshio,Ohara・Yoshiko,Shirakawa
Printed in Japan
〈検印省略〉
ＩＳＢＮ 978-4-89347-247-2　C3037

印刷・製本　　シナノ印刷株式会社

○定価はカバーに表示されています。
○落丁・乱丁はお取り替えいたします。
○本書の内容の一部または全部を無断で複写（コピー）することは、法律で認められた
　場合を除き、著作権者及び出版社の権利の侵害になります。
○本書からの複写をご希望の際は、予め小社宛に許諾をお求めください。